Delly

Gilles
de Cesbres

Roman

Delly

Gilles de Cesbres

Roman

Le code de la propriété intellectuelle du 1er juillet 1992 interdit en effet expressément la photocopie à usage collectif sans autorisation des ayants droit. Or, cette pratique s'est généralisée dans les établissements d'enseignement supérieur, provoquant une baisse brutale des achats de livres et de revues, au point que la possibilité même pour les auteurs de créer des œuvres nouvelles et de les faire éditer correctement est aujourd'hui menacée. En application de la loi du 11 mars 1957, il est interdit de reproduire intégralement ou partiellement le présent ouvrage, sur quelque support que ce soit, sans autorisation de l'Éditeur ou du Centre Français d'Exploitation du Droit de Copie , 20, rue Grands Augustins, 75006 Paris.

ISBN : 978-3-96787-549-2

10 9 8 7 6 5 4 3 2 1

Table de Matières

Chapitre 1	7
Chapitre 2	20
Chapitre 3	30
Chapitre 4	37
Chapitre 5	48
Chapitre 6	55
Chapitre 7	63
Chapitre 8	75
Chapitre 9	86
Chapitre 10	96
Chapitre 11	106
Chapitre 12	115
Chapitre 13	121
Chapitre 14	129
Chapitre 15	141
Chapitre 16	146
Chapitre 17	152
Chapitre 18	157

Chapitre 1

Pasca éleva entre ses mains la blanche soierie, et un rayon de soleil, glissant à travers les branches enchevêtrées des vieux hêtres, vint caresser la chatoyante moisson fleurie jetée sur l'étoffe souple par la main de la jeune brodeuse. Campanules, muguets, légères jacinthes, fraîches roses pompon semblèrent un instant, sous ce rapide jeu de lumière, vivre et palpiter, tandis que la brise tiède, venue des profondeurs du bois de Silvi, complétait l'illusion en apportant un délicat parfum de fleurettes cachées.

Un sourire de satisfaction entrouvrit les lèvres de Pasca. Ses yeux noirs, veloutés, dont l'expression était singulièrement profonde, contemplèrent pendant quelques minutes son œuvre. Puis elle étendit sur ses genoux la feuille de soie et pencha vers elle, pour l'examiner dans tous ses détails, sa tête délicate, qui semblait supporter avec peine le poids d'une souple et magnifique chevelure d'un blond chaudement doré, dont une partie retombait sur la nuque et jusque sur le cou élégant que découvrait le col du très simple corsage blanc.

– Je crois que ce sera joli, murmura-t-elle.

Ses doigts agiles et fins se mirent en devoir de plier l'étoffe soyeuse. Quand elle l'eut enveloppée dans une toile blanche, elle la posa près d'elle, sur le vieux banc de pierre, puis, croisant ses mains sur ses genoux, laissant son regard mélancolique et grave errer autour d'elle, Pasca parut s'absorber dans une songerie profonde.

Elle se trouvait dans une petite clairière, son lieu de prédilection, où chaque jour, quand elle le pouvait, elle venait travailler quelque temps. Un vieux banc était là, scellé au mur de l'antique oratoire qui abritait la statue vénérée de la Madonna del Fiore. Ce sanctuaire délabré avait une parure que d'autres plus somptueux eussent pu lui envier ; il disparaissait littéralement sous les roses. Celles-ci l'avaient pris d'assaut depuis la base jusqu'au faîte, elles se glissaient à l'intérieur par d'étroites fenêtres veuves de vitraux, s'avançaient sur le vantail de chêne à demi pourri par les intempéries, s'étendaient en longues traînes le long des colonnes du petit porche, et jusque sur le sol, envahissaient même le banc verdi où s'asseyait Pasca... Et bien loin, dans le bois, se répandait le parfum suave et enivrant de toutes ces roses.

Pasca tenait de sa mère cette prédilection pour le vieil oratoire. Angiolina Neraldi venait aussi, étant jeune fille, travailler et rêver au milieu des roses... Et c'était ici qu'un jour, tandis que sa voix souple chantait une tarentelle, lui était apparu un élégant cavalier blond – un Français égaré dans le bois de Silvi. Il lui avait demandé son chemin, et Angiolina lui avait donné les indications nécessaires, intimidée et charmée à la fois par l'admiration qu'il ne pouvait dissimuler devant la fine beauté de cette enfant de Toscane.

Le lendemain, il était venu, sous un prétexte quelconque, chez le père d'Angiolina, instituteur au petit village de Menafi. Voulant, disait-il, peindre quelques coins charmants du bois de Silvi, il désirait avoir un logement dans le village. Paolo Neraldi lui trouva une chambre chez le barbier... Le Français était aimable et de conversation charmante. Paolo aimait à causer avec des gens intelligents et instruits, qui manquaient un peu à Menafi. Sans songer plus loin, il attirait volontiers l'étranger chez lui, et il tomba de haut le jour où celui-ci lui dit :

– La signorina Angiolina et moi, nous nous aimons. Voulez-vous, signore, qu'elle soit ma femme ?

Ébloui, Paolo dit oui aussitôt. Le Français était riche, il appartenait à une noble famille. Quel rêve pour Angiolina !

Le mariage se fit très simplement, et les jeunes époux demeurèrent ensuite à Menafi. François de Combayre n'avait pas fait connaître son union à l'oncle qui l'avait élevé – son seul proche parent – et il retardait toujours le moment où il lui faudrait rentrer en France, présenter à sa parenté et à ses connaissances la jeune Italienne, dont la beauté et une certaine dose d'instruction ne compenseraient pas aux yeux de ses aristocratiques relations les manières un peu rustiques, l'ignorance des usages et une timidité excessive qui annihilait en certaines occasions toutes ses facultés.

Enfin, six mois après le mariage, comme il recevait de son oncle des lettres de plus en plus étonnées, il se décida à partir pour la France, heureux, au fond, de quitter ce pays qui l'avait enthousiasmé d'abord, et qui devenait maintenant insupportable à ce versatile par excellence.

– Dans peu de temps, je viendrai te chercher, *cara mia,* dit-il en embrassant sa femme qui sanglotait. Mon oncle t'accueillera comme un père, tu verras, et nous nous installerons en France, à Paris, la ville unique.

Il écrivit tout d'abord deux semaines de suite. Puis les lettres s'espacèrent, se firent plus brèves, très froides. Enfin elles cessèrent. Angiolina comprit alors qu'elle était abandonnée par cet étranger, qui l'avait épousée en un de ces moments d'emballement dont il était coutumier.

Elle n'eut pas une récrimination, pas une parole de colère. Mais elle se mit à dépérir rapidement, minée par son amère douleur, et le jour qui vit naître la petite Pasca fut aussi celui de sa mort.

Paolo Neraldi avait toujours été un homme faible, imprévoyant, et c'était bien vraiment à son imprudence et à son trop prompt enthousiasme pour cet étranger que pouvait être imputé le malheureux mariage de sa fille. Mais le pauvre père était si profondément frappé, que personne, à Menafi, n'eut l'idée de rappeler ses torts, surtout en le voyant entourer de soins touchants la très frêle petite fille que la morte lui avait laissée.

Il se refusa à faire connaître à M. de Combayre le décès d'Angiolina et la naissance de Pasca. Ce fut le curé qui assuma cette tâche. Une lettre de François arriva peu après, lettre très embarrassée et très sèche, où il annonçait l'envoi trimestriel d'une pension pour l'entretien de l'enfant.

Par l'intermédiaire du curé, Paolo lui fit répondre qu'il n'avait pas besoin de son argent et que, puisqu'il avait abandonné la mère, lui, l'aïeul, se chargeait de l'enfant, que son père n'aurait probablement jamais le désir de connaître.

De fait, on n'entendit plus parler de François de Combayre. Ainsi qu'il avait délaissé l'épouse aimée pendant quelques mois, il abandonnait, avec la même désinvolture, la petite Pasca à son beau-père, dont les ressources pécuniaires étaient cependant fort modestes.

Malgré cela, Paolo fit élever soigneusement l'enfant dans un excellent couvent de Florence. Quel que fût son ressentiment contre le père, il n'oubliait pas qu'un sang aristocratique coulait dans les veines de Pasca et ne voulait pas qu'elle fût élevée comme les petites artisanes de Menafi.

Était-ce là imprévoyance ou sagesse ? Il eût été difficile de le dire, car nul ne pouvait prévoir le destin de cette descendante de patriciens et de simples villageois. En tout cas, il se trouva que cette éducation s'adapta merveilleusement à la nature délicate et très affinée de Pasca. L'enfant était réellement patricienne d'instinct.

Longtemps, elle s'était crue complètement orpheline. Ce fut seulement un peu après sa sortie du couvent que son aïeul, au cours d'une maladie dont il pensa mourir, lui révéla l'existence de son père, en s'étendant amèrement sur les torts dont celui-ci était coupable.

Pasca avait été jusque-là une enfant très gaie, et ses dix-sept ans ignoraient encore les tristes dessous de l'humanité. À dater de cette révélation, elle parut avoir mûri de plusieurs années. Ses grands yeux noirs reflétèrent à demeure une mélancolie pensive et une gravité au-dessus de son âge. Sa pitié, déjà très profonde, s'accentua encore, elle partagea désormais son temps entre le travail et le soin des pauvres, en refusant toutes les distractions dont, jusque-là, elle avait pris sa part avec quelque plaisir.

– Elle entrera au couvent, disait-on dans le village.

– Ma foi, elle ferait bien ! Pour tomber aussi mal que sa mère, la pauvre ! ripostaient quelques-uns.

– Bah ! elle trouverait tout de même de bons garçons ! Voyez Rino Baddi, qui en est amoureux fou !... Et Giovanni Averri, donc ! En voilà un beau parti pour elle !

Rino Baddi était le fils d'un riche cultivateur de Menafi. Giovanni Averri, lui, était un jeune professeur de belle tournure et de grand avenir, dont les parents possédaient une petite propriété aux portes du village. Tous deux, en effet, étaient éperdument épris de Pasca, si belle, plus belle encore que ne l'avait été sa mère et plus affinée, physiquement et intellectuellement. Presque en même temps, ils l'avaient demandée en mariage. Mais Pasca, qui paraissait toujours complètement indifférente à l'admiration qu'elle suscitait, avait refusé tout net en déclarant qu'elle ne voulait pas se marier.

– Pourtant, *cara mia*, si je m'en allais ?... Je serais tellement désolé de te laisser seule ! hasardait le vieux Paolo, à qui Giovanni plaisait beaucoup.

– Ne craignez rien, grand-père, je me retirerais dans un couvent.

Mais le bon Dieu vous laissera certainement longtemps encore à votre petite Pasca.

L'aïeul n'avait osé insister. Sa petite-fille était pour lui une idole, une créature supérieure, et sa faible nature cédait sans peine à l'ascendant de ce caractère sérieux et singulièrement énergique sous une apparence d'inaltérable douceur.

... À quoi donc songeait Pasca, durant ces longs instants de rêverie près de la vieille chapelle ?... C'étaient, certainement, des pensées graves, tristes même, car une mélancolie profonde voilait les beaux yeux sombres, et la bouche délicatement modelée prenait un pli d'amertume étrange chez une si jeune créature.

À l'ordinaire, rien ne venait troubler sa solitude. Le bois de Silvi, qui s'étendait derrière le jardin de la maison de Paolo, n'était fréquenté que par quelques bûcherons. Aussi, en entendant cet après-midi-là, dans le sentier qui passait près de la chapelle, le bruit d'un pas pressé, Pasca ne tourna-t-elle même pas la tête.

– Enfin, voici quelqu'un ! Je croyais positivement ce bois désert !

Elle se détourna vivement en entendant ces mots jetés par une voix masculine, en un italien correct, mais avec un accent étranger.

Elle vit en face d'elle un homme jeune, grand et svelte, vêtu d'un costume déchiré et couvert de poussière. Un mouchoir entourait son front et une large tache de sang y apparaissait.

Pasca pâlit et eut un instinctif mouvement de recul.

Dans les yeux de l'arrivant, une lueur de surprise et d'admiration avait passé. Enlevant vivement son chapeau, il s'inclina avec une aisance d'homme du monde.

– Pardonnez-moi, signora ! Je vous ai peut-être effrayée ?... Mais il est arrivé un accident à notre automobile, ma cousine et sa dame de compagnie sont blessées, et je courais chercher du secours...

Déjà, Pasca avait repris complète possession d'elle-même.

– Par ici, vous vous éloignez du village, signore. Il n'y a de ce côté que la maison de mon grand-père. Mais dans un jardin près de là travaillent plusieurs hommes ; je vais les prévenir et les enverrai vers le lieu de l'accident. Puis, comme notre demeure est la plus proche, vous pourrez, si vous le voulez, y faire transporter les blessées, auxquelles je serai très heureuse de donner les premiers soins en attendant le médecin.

– Signora, comment vous remercier ?

– Je ne fais là que mon devoir. Voulez-vous m'indiquer seulement où a eu lieu l'accident ?

– Sur la route, à la lisière de ce bois... Je cours rassurer ces malheureuses femmes. Merci mille fois, signora, de votre charitable empressement.

Il s'éloigna, et Pasca, en hâte, prit le chemin du logis. Elle prévint au passage les jardiniers et atteignit en quelques minutes la petite maison couverte de roses, patrimoine de famille, où Paolo vivait paisiblement en s'occupant de jardinage, depuis qu'il avait pris sa retraite d'instituteur.

Tout en narrant l'aventure à l'aïeul un peu ahuri, elle prépara sa chambre et une petite pièce voisine pour les blessées. Tout se trouvait organisé lorsque apparut en avant-garde l'étranger.

À sa vue, le vieux Paolo pâlit un peu et murmura :

– Ce doit être un Français !

Les traits délicats de Pasca se durcirent légèrement, tandis qu'elle répliquait d'une voix brève :

– Oui, je l'ai reconnu à son accent.

Paolo s'avança au-devant du jeune homme et l'accueillit par quelques mots à la fois affables et gênés. Pasca, voyant apparaître les blessées sur des civières improvisées, était remontée à sa chambre. Ce fut là qu'elle reçut les deux femmes, dont l'une, la plus âgée, n'avait que des contusions sans réelle gravité, tandis que l'autre paraissait avoir la jambe fracturée.

Celle-là était une jeune fille d'environ dix-huit ans, petite et frêle, au teint jaunâtre et aux traits heurtés. Elle avait des cheveux noirs d'un volume énorme, ondulés, vaporeux, sous lesquels disparaissait presque son mince visage, et des yeux bleu de roi, mobiles et ardents. En reprenant connaissance, elle les fixa longuement sur Pasca et celle-ci se sentit désagréablement impressionnée par ce regard où il lui semblait lire une sorte d'hostilité.

– Qu'est-ce que j'ai ? demanda-t-elle d'une voix brève.

Elle parlait français, mais Pasca comprenait cette langue qu'elle avait apprise au couvent.

– Rien de grave, je l'espère, mademoiselle. Le médecin va venir, du reste, et pourra vous renseigner mieux que moi.

– Une jambe cassée, sans doute ?... Voilà assez longtemps que mon cousin Gilles me prédit quelque chose de semblable – et même de pis encore.

Une lueur de colère railleuse traversa les yeux bleus.

– ... Et lui, Gilles, est-il blessé ?

– À la tête, oui. Mais je ne crois pas que ce soit grave.

Le médecin arrivait en ce moment. Il hocha la tête en examinant la fracture de la jambe et déclara qu'il aimait mieux faire appeler un chirurgien de Florence.

– C'est donc sérieux ? interrogea en mauvais italien la jeune fille, qui conservait un visage impassible.

– La fracture est complète, signorina, et je ne voudrais pas prendre la responsabilité de la réduire.

– Mais ne puis-je être transportée à Florence ?

– Ce serait, à mon avis, une imprudence... Vos parents sont sans doute là-bas ?

– Non, j'étais seule avec Mrs Smeeton, ma dame de compagnie. Mon père ne doit venir me rejoindre que le mois prochain. Mais, dites donc, docteur, prétendez-vous me faire demeurer ici ?

Son regard dédaigneux faisait le tour de la très simple chambre de Pasca.

– ... Et d'abord, accepterait-on de m'y garder ?

– Du moment où il vous serait dangereux d'être transportée, nous nous arrangerions pour cela, mademoiselle.

C'était Pasca qui répondait, d'un ton de dignité légèrement hautaine.

L'étrangère l'enveloppa d'un long regard où sembla passer un éclair de malveillance.

– S'il n'y a pas moyen de faire autrement !... dit-elle avec un mouvement d'épaules un peu impatient. Mais j'espère que ce chirurgien sera moins rigoureux que vous, docteur, et ne m'obligera pas à déranger trop longtemps la signorina...

– Pasca Neraldi ! dit la jeune Italienne, répondant à l'interrogation contenue dans le ton de l'étrangère.

– J'en doute, signorina ! répondit le vieux médecin en secouant la tête. Je vais, en tout cas, lui téléphoner immédiatement et, en prenant son automobile, il pourra être ici ce soir.

Il se retira après avoir donné aux deux femmes les soins en son pouvoir. En bas, il trouva Paolo et le chauffeur des étrangers qui s'était, seul, tiré indemne de l'accident.

– Eh bien, le troisième blessé ?

– M. de Cesbres a voulu absolument aller lui-même au télégraphe, répondit le chauffeur. Il dit que sa blessure n'est rien du tout et qu'il n'a aucunement besoin de médecin.

– Hum ! il ne faut jamais trop négliger cela ! Mais la signorina Pasca saura lui faire le pansement nécessaire ; elle est pour le moins aussi forte que moi à ce sujet.

Quand Pasca descendit, après avoir installé le mieux possible les étrangères, elle trouva dans la salle, causant avec son aïeul, Gilles de Cesbres, qui venait de rentrer.

– Votre cousine désirerait vous voir, signore, dit-elle après avoir répondu au salut du jeune homme.

Une lueur de colère brilla dans les yeux de Gilles – des yeux d'un brun orangé, doués d'une rare intensité d'expression, et où l'ironie semblait à demeure, se faisant tour à tour caressante, dure ou irritée, comme en ce moment.

– Encore faut-il au moins qu'elle me laisse le temps de clamer mon ressentiment contre les jeunes folles de son espèce ! Se doute-t-elle même qu'elle a failli, par son entêtement à maintenir une vitesse désordonnée, nous faire casser la tête ?

– Je lui ai dit que vous étiez blessé, signore... Mais le docteur Lerao ne vous a donc pas examiné ?

– Le signore était sorti et, d'ailleurs, il ne le voulait pas, expliqua Paolo. Mais le docteur a dit que tu pourrais très bien faire le pansement.

– Certainement, si la blessure n'est pas grave. Me permettez-vous de voir, signore ?

– Mais avec le plus grand plaisir, signorina ! dit Gilles avec empressement.

Malgré la délicate adresse des petits doigts de Pasca, il ne put réprimer quelques légers tressaillements de douleur lorsqu'elle enleva, avec bien des précautions, le linge qui avait collé sur la plaie.

– Mais ce n'est pas si négligeable que cela ! dit-elle. Cette blessure a besoin d'être soignée.

– Eh bien, soignez-la, signorina ! Je me remets entre vos mains ! riposta-t-il avec un sourire qui adoucit un instant l'expression ironique et froide de sa physionomie.

Pasca, ayant lavé soigneusement la plaie, y posa un pansement. Quand ce fut fini, M. de Cesbres s'écria :

– Quel bonheur de ne m'être pas mis entre les grosses mains du docteur ! Elles m'auraient martyrisé, tandis que ces charmants petits doigts ont une légèreté exquise. Ils méritent, vraiment, qu'on les remercie !

Et, saisissant la main de Pasca, il effleura de ses lèvres le bout de ses doigts.

Elle eut un brusque mouvement en arrière et son teint mat s'empourpra.

– Comment vous permettez-vous ? dit-elle d'une voix frémissante.

Ses grands yeux étincelants d'irritation se posaient fièrement sur Gilles, un peu stupéfait... Reprenant rapidement sa présence d'esprit, le jeune homme se leva avec vivacité du fauteuil où il s'était assis pour le pansement.

– Mais, signorina, pouvez-vous vous trouver offensée par cet hommage de reconnaissance ? s'écria-t-il d'un ton où se mélangeaient la surprise et le regret.

– Une simple villageoise telle que moi n'est pas accoutumée à ces manières, signore ! dit-elle avec un fier mouvement de tête.

– Pardonnez-moi ! Je serais désolé que vous m'en vouliez pour cela !

– Du moment où vous regrettez, signore, il est de mon devoir d'oublier.

Et, inclinant un peu la tête avec une dignité froide, elle sortit de la salle.

Gilles se tourna vers le vieux Paolo, qui était demeuré silencieux, un peu ahuri, pendant cette brève petite scène.

– Je crains que la signorina, malgré tout, me garde rancune, dit-il d'un ton léger que démentait l'expression contrariée de son regard.

– Non ! non ! signore ! Il n'y a pas de quoi, vraiment !... Mais Pasca est très sérieuse et, au premier moment, elle a été un peu effarouchée... surtout de la part d'un étranger. Mais cela se passera, signore !

– Je l'espère ! Répétez-lui bien que je n'ai jamais eu l'intention de lui manquer de respect... Et dites-moi maintenant où je trouverai ma cousine.

Paolo le conduisit au premier étage, jusqu'à la porte de la chambre occupée par la jeune étrangère. M. de Cesbres frappa et, sur l'invitation qui lui en fut faite, pénétra dans la modeste pièce que le soleil déclinant emplissait d'une clarté rosée.

Sa cousine, essayant de se soulever sur ses oreillers, tendit les deux mains vers lui...

– Gilles, vous êtes blessé ?

Sa voix tremblait d'émotion et une lueur d'angoisse passa dans les yeux bleu de roi.

– Mais comme vous le voyez, Matty ! Et vous êtes, je crois, encore plus mal en point que moi. Souffrez-vous beaucoup ?

– Suffisamment, oui. Et vous, Gilles ?

– Moi, peu. Notre jeune hôtesse vient de me panser selon toutes les règles. Mais c'est égal, ma chère, je m'abstiendrai désormais de prendre place dans une automobile conduite par la folle entêtée que vous êtes !

Toute trace d'émotion s'effaça subitement de la physionomie de la jeune fille, tandis qu'elle ripostait, avec un regard de défi moqueur :

– Vous faites bien de me prévenir ; je ne vous l'offrirai plus. Je déteste qu'on me refuse !... Il est probable que je dois vous savoir gré d'avoir bien voulu passer sur votre ressentiment pour venir me visiter ?

– En effet, car j'ai vraiment des raisons pour vous en vouloir. Mais je me suis pourtant souvenu qu'en l'absence de votre père j'avais le devoir de m'occuper de vous.

– Bah ! je vous en dispense ! dit-elle avec un haussement d'épaules. J'ai toujours su me conduire moi-même... Et, naturellement, homme plein de charité, vous triomphez de me voir réduite à ce triste état, comme vous me le prédisiez, en punition de mes imprudences ?

– Triompher est peut-être excessif. Mais je ne puis m'empêcher de penser que vous méritez ce qui vous arrive, après l'avoir si longtemps cherché.

Matty eut un bref éclat de rire :

– À la bonne heure ! c'est sincère, cela ! c'est de la franchise crue ou je ne m'y connais pas ! Vous êtes vraiment un charmant cousin, Gilles !

– Aussi charmant que vous, qui ne craignez pas, pour une satisfaction d'amour-propre, d'exposer la vie d'autrui !

– Bah ! pour ce qu'elle vaut, la vie ! riposta-t-elle avec un plissement de lèvres plein de raillerie. Est-ce que vous y tenez tant que cela, vous ?

– Cela dépend. Il y a des jours où je la hais.

– Et d'autres où vous l'aimez ?

Il eut un rire d'âpre ironie.

– Aimer ! Quel mot excessif ! Je n'aime rien ni personne, vous le savez bien, Matty.

– Oui ! je sais que vous poussez l'indépendance du cœur jusqu'aux dernières limites. Ainsi donc, monsieur le désenchanté, la vie vous paraît plutôt laide et maussade ?

– Souvent, oui !... Et à vous aussi ?

– C'est vrai. Je la trouve même par moments d'un terne !... et je me prends à souhaiter quelque chose, un événement tragique, une grande tempête intérieure, que sais-je ?... Enfin, un bouleversement quelconque, quitte à en souffrir, quitte à en mourir !

Un souffle de passion semblait passer dans sa voix tout à l'heure froide et moqueuse, un flot de sang monta une seconde à son visage pâle.

Gilles, qui s'était accoudé en face d'elle à un des montants du lit, l'enveloppa d'un regard aigu et intéressé.

– Vous êtes une très curieuse personne, ma chère ! dit-il tranquillement. Comblée de tous les dons de la fortune, ne mettant aucun frein à vos fantaisies, gâtée à outrance par un père idolâtre, vous voilà, à dix-huit ans, blasée, lasse de tout !

– Et vous ? dit-elle brusquement. Vous essayez de tromper votre écœurement, votre dédain de toutes choses, en vous adonnant à l'observation sans pitié des faiblesses et des fautes d'autrui, en disséquant moralement, en dilettante, les cœurs que vous excellez à charmer un instant, pour les repousser dédaigneusement lorsque cette étude ne vous dit plus. Osez donc prétendre que, vous aussi, vous n'êtes pas un blasé, un sceptique absolu !

– Mais je vous l'accorde, très chère cousine ! Je suis bien cela, en effet, et je l'étais déjà à votre âge... Seulement, je vois que vous vous donnez la fièvre en vous agitant ainsi. Aussi vais-je me retirer sans plus tarder.

– Non ! attendez !... Dites-moi, combien de temps pensez-vous que je doive demeurer ici ?

– Comment pourrais-je le savoir ? Il faut attendre le chirurgien.

– Me voyez-vous, Gilles, obligée de rester longtemps dans cette masure ?

– Tout d'abord, cette masure est une fort gentille maisonnette. Ensuite, cette aventure doit sembler pleine de saveur à une personne blasée.

– Toujours moqueur ! dit-elle avec colère. Enfin, je pense que mon père va arriver aussitôt le reçu de votre dépêche... Et vous, Gilles, vous ne m'abandonnerez pas ici ?

– Je vous ferai remarquer, Matty, que vous venez de m'assurer, il y a quelques instants, de l'inutilité de ma présence.

– Vous avez toujours des réflexions insupportables ! Si vous étiez un homme aimable, vous m'auriez déjà dit : « Je ne vous quitterai pas, Matty, je ferai mon possible pour vous distraire. »

Un sourire railleur vint aux lèvres de M. de Cesbres.

– Ah ! bon ! c'est une « machine à distraire » que vous souhaitez ?... Et que voulez-vous donc, grands dieux ! que je fasse dans ce village perdu, tandis que se guérira doucement votre fracture ?

– Un homme comme vous trouve toujours à s'occuper. Faites des vers sur les charmes de la campagne toscane, commencez une aquarelle, entreprenez des promenades... Et puis vous aurez la ressource d'entamer un flirt avec notre jolie hôtesse, acheva-t-elle avec un rire qui sonna faux.

Les sourcils blonds de Gilles se rapprochèrent brusquement.

– Elle n'est pas de celles avec qui l'on flirte ! dit-il d'un ton sec.

Sa cousine le regarda avec surprise.

– Ah ! bah ! Avez-vous donc eu le temps de l'observer assez pour vous rendre compte de cela ?... À moins que cette idée vous soit venue en voyant toutes ces dévotes images ?

Son doigt tendu désignait le petit oratoire que Pasca avait aménagé dans un angle de la pièce, et où une lampe brûlait jour et nuit devant les statues de la Vierge et des saints plus spécialement chers à la jeune fille.

– Ah ! c'est sa chambre ? murmura Gilles.

Son regard d'homme accoutumé à observer les moindres détails fit le tour de cette pièce aux murs simplement blanchis, garnie de vieux meubles bien astiqués et de rideaux de percale blanche. Sous le grand crucifix de bois noir se voyaient les photographies de Paolo Neraldi et de sa fille. Dans une petite bibliothèque s'alignaient les livres de choix de Pasca... Gilles, faisant quelques pas, se pencha pour lire les titres.

– Rien que des livres de piété, n'est-ce pas ? demanda ironiquement Matty.

– Il y en a un certain nombre, mais tous ne sont pas dans ce cas. Néanmoins, ce sont des ouvrages sérieux, de grande valeur morale et littéraire... Cette jeune fille n'est pas la première venue comme intelligence, certainement. Mais il est évident qu'elle est en outre extrêmement pieuse.

– En tout cas, c'est fort laid, ici ! Quels abominables vieux meubles !... Mais vous ne m'avez pas dit, Gilles, si c'était l'impression produite par cette atmosphère de dévotion qui vous fait penser que la belle signorina Pasca ne voudrait pas entendre parler de flirt ?

– Vous êtes trop curieuse, chère cousine ! dit-il ironiquement. C'est un défaut féminin, assure-t-on ; il vous sied donc de l'avoir. À demain. Je viendrai savoir dès le matin ce qu'aura décidé le chirurgien.

Il serra négligemment la main qui se tendait vers lui et sortit de la chambre.

Matty se laissa retomber sur ses oreillers. Son mince visage se contractait et ses yeux luisaient étrangement, de colère et de douleur à la fois.

– Oh ! pourquoi donc n'ai-je pas été tuée aujourd'hui ? murmura-t-elle. Comme cela, ce serait fini de souffrir, de le voir se railler de moi ! J'ai beau essayer de lui cacher que je l'aime, il l'a deviné depuis longtemps, depuis toujours. Il devine tout, Gilles, on ne peut rien dérober à ses yeux ironiques. Et lui ne m'aime pas ! Parfois, il me semble même que je lui suis antipathique et qu'il s'amuse de ma souffrance. Oh ! cela !... cela ! Quelle chose épouvantable que la vie !... Quelle chose stupide ! Gilles seul pourrait y mettre pour moi un peu de bonheur... s'il voulait !

Une sorte de sanglot s'étouffa dans sa gorge et elle enfonça sa tête dans l'oreiller avec une sourde exclamation de douleur.

– Oh ! ce Gilles !

Chapitre 2

M. de Cesbres avait pris gîte à l'unique auberge du village. Dès le lendemain, son valet de chambre, prévenu par télégramme, arrivait de Florence, et le jeune homme put réparer le désordre introduit dans sa tenue par l'accident de la veille.

– Monsieur le vicomte sera bien mal ici ! fit observer le domestique avec un regard méprisant sur la chambre, dont le mobilier très élémentaire n'était pas le plus grave défaut.

– J'espère ne pas m'y éterniser ! Si c'était propre, seulement !... Tâchez d'arranger un peu cela, Antonin ; faites nettoyer le mieux possible et payez ce qu'il faudra.

Sur ce, Gilles, ayant rapidement déjeuné, s'en alla vers la maison Neraldi.

La porte étant entrouverte, il la poussa et entra. Dans la petite salle où on l'avait introduit la veille, Mrs Smeeton, la dame de compagnie de sa cousine, déjeunait tout en poussant force soupirs.

– Quoi ! êtes-vous donc complètement remise ? dit-il d'un ton surpris, tout en la saluant.

Une sorte de grimace contracta le visage altéré de l'Anglaise.

Chapitre 2

– Non, je souffre encore beaucoup. Mais miss Matty a voulu que je me lève ; elle dit que je n'ai pas besoin de me dorloter et qu'il faut que je la soigne.

– Charmante ! murmura railleusement Gilles. Le chirurgien est-il venu ?

– Oui, très tard dans la nuit. Il dit que la fracture est grave, très compliquée, et qu'il ne peut autoriser le transport avant au moins un mois. Il a fait le nécessaire et miss Matty a été très courageuse.

– Oh ! elle a de l'énergie, quand elle veut !... Et comment a-t-elle accepté l'arrêt la condamnant à demeurer ici ?

– Elle m'a dit seulement : « Je vous dicterai demain la liste des objets qu'il faudra me faire envoyer pour me distraire tant bien que mal. Cela me changera et me reposera. Au fait, j'ai assez pour le moment de soirées, de voyages et de sports. »

Le pli moqueur que gardait presque constamment la lèvre de Gilles s'accentua encore. Il connaissait bien sa cousine et savait que le continuel changement d'occupations et d'horizons avait toujours été le fond de cette existence d'enfant gâtée, élevée sans foi, sans guide moral, sans but défini dans la vie, si ce n'est sa propre satisfaction, à tout prix.

– Tant mieux si elle prend les choses ainsi !... Puis-je monter la voir ?

– Elle sommeille en ce moment, monsieur, car elle n'a pas dormi cette nuit.

– Alors, je reviendrai plus tard... Savez-vous, mistress Smeeton, si le signore Neraldi est ici ?

– Je l'ai vu s'en aller vers le jardin, il y a à peine cinq minutes, monsieur... Il a l'air d'un brave homme, on ne peut pas dire le contraire... Et sa petite-fille est bien charmante, et puis si belle ! dit l'Anglaise d'un ton d'enthousiaste admiration.

– Je vais tâcher de le trouver par là, car il faut que je m'arrange avec lui, puisque Matty doit rester ici. Elle va vouloir faire venir sa femme de chambre, et je ne sais s'ils auront ici de la place pour la loger.

– C'est qu'elle est si exigeante ! gémit Mrs Smeeton. Elle s'est déjà fâchée ce matin parce que le thé était abominable, prétendait-elle. Il est certain qu'il n'avait pas l'arôme de celui qu'elle est accoutumée de prendre, mais il était certainement bon quand même, la signorina Pasca y ayant mis tous ses soins, m'a-t-elle dit. Elle était bien ennuyée, la pauvre petite, d'entendre les plaintes de miss Matty.

Gilles fronça les sourcils.

– Comment ! elle a osé les adresser à la signorina elle-même ?... à cette jeune fille qui l'accueille avec tant de discrète bonté, qui l'a soignée hier et qui se prive pour elle de sa chambre ? C'est intolérable, et je saurai le lui faire comprendre !

– Monsieur, ne lui dites pas surtout que je vous ai parlé de cela ! s'écria Mrs Smeeton avec terreur.

– Non, non, je serai discret, ne craignez rien. À tout à l'heure, mistress Smeeton : je vais à la recherche du signore Neraldi.

Il sortit par une porte vitrée et se trouva dans le jardin embaumé par l'enivrant parfum des roses, qui étaient ici la fleur souveraine.

Au hasard, il prit une allée étroite, ombragée par le feuillage touffu de vieux arbres dont le tronc se tordait en formes bizarres. Et, tout au bout, il vit devant lui un enclos où s'ébattaient des volailles.

Au milieu se tenait Pasca, une corbeille pleine de grain à la main. Elle jetait autour d'elle la provende, d'un geste dont la grâce exquise frappa Gilles, non moins que la distinction réellement patricienne qui rehaussait l'admirable beauté de cette jeune villageoise.

Il ne l'avait vue encore que très grave ou irritée. En ce moment, elle souriait, tandis qu'elle parlait aux volatiles en cette mélodieuse langue italienne, à laquelle le timbre si pur de sa voix donnait un charme nouveau. Elle lui parut ainsi plus jeune et plus délicieuse encore, dans sa modeste tenue de ménagère, sous le grand chapeau de paille qui laissait un peu de soleil se jouer sur sa chevelure dorée aux tons si chauds et sur son visage égayé par l'empressement de la gent emplumée.

Elle leva tout à coup les yeux et l'aperçut. Le sourire s'effaça de ses lèvres, son visage s'empourpra un peu et devint très froid, tandis que la corbeille frémissait dans sa main.

Gilles, faisant quelques pas, se découvrit.

– Pardonnez-moi, signorina ! Je cherchais le signore Neraldi, que Mrs Smeeton m'avait dit être dans le jardin.

– En effet, signore, vous devez le trouver au bout de cette allée.

– Je vous remercie, signorina.

Il allait s'éloigner, quand Pasca, faisant un visible effort sur elle-même, demanda froidement :

– Comment va votre blessure, signore ?

– Je ne sais trop ! Le pansement est demeuré tel que vous me l'avez fait hier.

– Il faudra aller le faire renouveler chez le docteur Lerao. Il demeure tout près de l'auberge, ce sera commode pour vous.

Gilles, faisant encore quelques pas en avant, vint s'accouder à un des montants de bois qui soutenaient le treillis de l'enclos des volailles.

– J'avais décidément raison, en disant hier à votre grand-père que vous me garderiez rancune, malgré votre promesse.

Elle rougit un peu sous son regard légèrement moqueur.

– Mais non, vous vous trompez...

– Oh ! pas du tout ! Sans cela, pourquoi m'enverriez-vous à ce brave docteur, au lieu de continuer charitablement la tâche que vous aviez si bien commencée ?

– J'ai eu tort, j'aurais dû le laisser faire son métier près de vous, dit-elle sèchement.

– Ah ! vous voyez bien !... Vous m'en voulez toujours ! Mais vous êtes terriblement susceptible, signorina ! Que pourrais-je donc faire, pour obtenir votre pardon ?

Il parlait d'un ton mi-contrarié, mi-sarcastique, en regardant Pasca avec un sourire ironique au coin des lèvres et au fond des yeux.

– Je vous ai pardonné, dit-elle avec une sorte d'impatience hautaine. Mais il est préférable que le docteur s'occupe de cette blessure...

– Et moi, je n'en veux pas, de votre docteur ! Tant pis, le pansement restera tel que vous l'avez fait et vous serez responsable s'il se produit des complications !

Elle détourna la tête, et ce geste signifiait clairement : « La question est maintenant réglée. »

Mais Gilles avait dans les yeux cette lueur d'obstination amusée qui annonçait chez lui l'intention de lutter contre l'obstacle, par plaisir de dilettante.

– Vous êtes impitoyable, signorina ! Je vois que je resterai toujours l'objet de votre ressentiment, et, comme cette perspective m'est fort désagréable, je vais me résoudre à quitter Menafi, sans même attendre l'arrivée de M. de Combayre...

– M. de Combayre !...

La corbeille était à terre et Pasca, toute pâle, fixait sur Gilles ses yeux un peu dilatés.

– Oui, M. de Combayre, mon cousin et le père de Matty... Pourquoi ce nom semble-t-il vous émouvoir ?

Elle hésita un moment, puis, sans répondre à l'interrogation, demanda d'une voix qui tremblait un peu :

– Quel est le prénom de votre cousin, signore ?

– Il s'appelle François.

– François !... François de Combayre ! balbutia-t-elle. Oui, c'est lui !

– Le connaissez-vous ? demanda M. de Cesbres, qui considérait avec la plus extrême surprise ce visage altéré.

– Non... et je n'en ai aucunement le désir, bien qu'il soit mon père, dit-elle d'un ton dur.

Gilles eut un mouvement de stupéfaction.

– Votre père !

– Il paraît qu'il a su toujours cacher son mariage à ses parents eux-mêmes ! dit-elle avec une amère ironie. Et la mort de ma pauvre mère est venue bien opportunément lui permettre de contracter une seconde union, car, si j'en juge d'après l'âge que paraît avoir Mlle Matty, il n'a pas dû attendre longtemps après pour se remarier.

– En effet, j'ignorais absolument ! dit Gilles, qui semblait quelque peu abasourdi. Mais ne s'occupe-t-il pas de vous ?

– Non, heureusement ! Car quels sentiments voulez-vous que j'aie pour ce père qui a abandonné ma pauvre mère après six mois de mariage, et qui ne s'est jamais informé de moi ?

– Vraiment, je n'aurais pas cru mon cousin François capable...

Un petit rire sarcastique l'interrompit.

– Oh ! il est comme beaucoup d'autres, probablement !

Gilles la regarda avec étonnement.

– Comme vous dites cela !... Auriez-vous vraiment tant de scepticisme déjà à l'égard des pauvres hommes ?

Le regard de Pasca, très droit et très grave, se posa sur lui.

– Pourquoi vous cacherais-je que, depuis la révélation du malheur de ma mère, j'ai pris la résolution de me défier de la sincérité de tous les hommes, et de tous ceux du monde de mon père en particulier ?

M. de Cesbres demeura un moment interloqué – lui, l'homme qui trouvait toujours une riposte spirituelle et mordante, et qui avait la réputation de ne jamais se laisser démonter, en quelque circonstance que ce fût.

Il répliqua enfin en essayant de reprendre son habituel accent de raillerie :

– Mais savez-vous que c'est terrible pour moi ! Ainsi, tout ce que je pourrai dire sera tenu comme mensonge... et cela simplement parce que je fais partie de la corporation masculine ! Je m'explique maintenant votre attitude méfiante !... Mais écoutez, je veux vous apprendre quelque chose. Permettez-moi seulement de ne pas rester si éloigné, car nous avons l'air de nous écarter comme deux pestiférés.

Délibérément, sans attendre la permission demandée, Gilles poussait la petite porte grillagée et entrait dans l'enclos, où son arrivée fit fuir les volatiles qui se disputaient le grain échappé de la corbeille.

– Voyons, je suis votre cousin ; accordez-moi quelques privautés ! dit-il en voyant se froncer les beaux sourcils dorés.

– Mon cousin !... Le cousin d'une villageoise ! Allons donc !... Peut-être encore pendant le temps que vous passerez ici, mais après, comme vous le renierez vite, ce lien de parenté !

Elle parlait avec véhémence, en fixant sur Gilles ses yeux magnifiques où la fierté se mélangeait d'une sorte de raillerie dédaigneuse.

– Qu'en savez-vous ? J'en serai peut-être fier, au contraire !

– Permettez-moi de vous dire que j'en doute fort !

Il eut un petit rire ironique.

– Naturellement ! Du moment où cela sort d'une bouche masculine !... Mais figurez-vous, signorina, que j'ai le malheur d'avoir envers le sexe féminin une défiance analogue à celle dont vous honorez le sexe auquel j'appartiens... Non, défiance n'est peut-être pas le mot exact, dédain serait mieux... Voyez-vous, je vais beaucoup dans le monde et, en ma qualité d'auteur dramatique, je me trouve en relation avec quantité de personnalités féminines. Eh bien ! quand je les ai étudiées de près, je ne découvre en elles qu'un déplorable vide, une coquetterie outrée, insatiable d'hommages ou bien encore un orgueil fou. Voilà les femmes.

Pasca eut un geste de protestation.

– Oh ! pas toutes ! Vous ne parlez pas là des femmes sérieuses, des chrétiennes dignes de ce nom. Et de celles-là, vous en avez dans votre pays aussi, certainement !

– Mais pourquoi voulez-vous que je le croie, puisque vous, signorina, condamnez en bloc tous les hommes, sans exception ? Je fais comme vous, voilà tout.

– Je n'ai pas dit cela ! Certainement, je sais qu'il existe des cœurs loyaux et honnêtes...

– Mais vous ne me faites pas l'honneur d'espérer que je sois de ce nombre ?... Tenez, admettons que vous demandiez à quelqu'une de mes relations parisiennes : « Que pensez-vous de Gilles de Cesbres ? » Il ou elle vous répondra : « Gilles de Cesbres ?... C'est un homme charmant et terrible. Nul comme lui ne sait plaire, et il se sert de ce don pour étudier autrui, pour fouiller de son scalpel d'observateur les cœurs et les intelligences. Il paraît fantasque, parce que, l'étude finie, il ne s'inquiète plus de ceux qui, charmés par lui, avaient cru un instant avoir conquis son amitié. Il est sceptique, blasé, incroyant ; il sait manier cruellement l'ironie et n'ignore pas que tout est permis à un homme célèbre comme lui... » Voilà un rassurant portrait, n'est-il pas vrai ?

Il eut un léger rire moqueur en rencontrant le regard stupéfait et un peu effaré de Pasca.

– Je ne me flatte pas. Qu'en dites-vous ? Mais, écoutez ceci : ce monstre – car je suis certainement tel à vos yeux – possède une qualité que pourraient vous certifier ses amis. De vrais, qui soient dignes de ce nom, il n'en a que deux ; l'un est un jeune savant, austère et silencieux ; l'autre un vieil artiste de quatre-vingts ans, qui l'appelle : « Mon petit enfant. » Tous deux vous diront : « Gilles de Cesbres n'a jamais trahi la confiance de ses amis... » Pardonnez-moi de paraître me vanter ; je n'ai que ce pauvre petit mérite et je le revendique hautement. C'est vous dire combien je blâme l'acte de François de Combayre, abandonnant non un ami, mais l'épouse qui l'aimait et se confiait à lui... c'est vous dire aussi que vous n'auriez pas à craindre que votre cousin vous reniât un jour, si vous vouliez lui accorder votre amitié.

Toute trace d'ironie avait disparu de la physionomie de Gilles. Son regard sérieux ne quittait pas le visage de Pasca, d'abord étonnée, puis émue, peu à peu...

– ... Je vous demande peut-être beaucoup ?... Car je me doute qu'une amitié telle que la vôtre doit être précieuse et infiniment sûre.

– Comment pouvez-vous le savoir ?

– Parce que je vous connais déjà, dit-il tranquillement.

– Vous me connaissez ?... Après m'avoir vue trois fois ? J'avoue ne pas être si forte observatrice et me réserver quant au jugement que je dois porter sur vous.

Déjà redevenu sarcastique, Gilles riposta :

– Vous avez raison, car, après tout, je puis être le pire scélérat ! Étudiez-moi donc, ma cousine, et quand vous serez fixée sur ma sincérité à votre égard, vous m'en préviendrez.

Elle dit avec un geste d'impatience :

– Ne m'appelez pas votre cousine ! Je n'ai aucun désir de revendiquer ce lien de parenté, et surtout je veux « qu'elle » ignore...

Son doigt se tendait dans la direction de la maison où reposait Matty.

– Parce qu'elle vous est antipathique ?

Pasca rougit un peu.

– Je ne puis le nier, signore. Certes, comme chrétienne, je suis prête à tout faire pour elle, mais je sens qu'au moral tout nous sépare... et je ne sais pourquoi je m'imagine qu'elle m'a détestée dès le premier moment où elle m'a vue.

– Cela est bien certain, dit M. de Cesbres avec un petit sourire railleur.

– Pourquoi cela ? Je venais pourtant à elle de tout cœur, prête à la soigner selon mon pouvoir.

– Certainement. Mais n'avez-vous pas remarqué que Matty est plutôt laide et ne comprenez-vous pas que, dès le premier regard, elle a été jalouse de vous ? Elle déteste toutes les femmes jolies ou même simplement gracieuses. Pauvre Matty, c'est une triste nature ! ajouta-t-il avec un dédaigneux mouvement d'épaules.

– Peut-être, au cours de son éducation, n'a-t-on rien tenté pour la réformer ?

– L'éducation ? Elle n'en a pas eu et s'est élevée à sa guise. Sa mère, une Anglaise, fille d'un riche propriétaire australien, est morte six ans après sa naissance et son père l'a atrocement gâtée. Elle ne connaît au monde qu'une règle : sa fantaisie, qui prend parfois des allures assez extravagantes.

– Je la plains ! dit gravement Pasca. Et pas de religion, sans doute ?

– Jusqu'à quatorze ans, elle a été élevée dans le protestantisme. Mais alors un beau jour, elle déclara péremptoirement devant son père et son grand-père maternel qu'elle ne croyait à rien et qu'elle ne voulait plus entendre parler d'enseignement religieux. Comme ils étaient, sur ce point, aussi indifférents l'un que l'autre, ils la laissèrent libre d'agir à sa guise. Il ne faudra donc pas vous étonner d'entendre sortir de sa bouche des paroles qui vous choqueront... Mais si elle s'avisait de parler de vos croyances d'une manière blessante pour vous, dites-le-moi, afin que je puisse la faire cesser.

– N'ayez crainte, je saurai moi-même imposer silence à qui attaquerait ma religion ! dit Pasca avec un énergique mouvement de tête.

– Hum ! ce ne sera peut-être pas si facile avec elle ! Il n'y a que moi qui aie de l'influence sur cette enfant gâtée, parce que je ne lui ai jamais cédé... Pendant que j'y pense, signorina, ne vous tourmentez pas pour satisfaire les exigences déraisonnables de Matty. Mrs Smeeton m'a appris qu'elle s'était montrée fort impolie...

Pasca interrompit avec une calme fierté :

– Oh ! cela ne me préoccupe pas ! Je fais ce que je peux ; après cela, je laisse dire. J'ai bien compris aussitôt que j'avais affaire à une pauvre créature gâtée et adulée.

– C'est possible, mais je ne souffrirai pas qu'elle se montre désagréable pour vous, et je le lui ferai comprendre... Mais pourquoi ne vous parlerais-je pas du sujet dont je voulais entretenir votre grand-père ? Le chirurgien dit qu'on ne peut transporter Matty...

– Eh ! nous nous arrangerons pour la garder, dit froidement Pasca. Je crains seulement qu'elle ne se trouve fort mal dans notre modeste demeure.

Gilles eut un geste d'insouciance railleuse.

– Oh ! cela importe peu et ne lui sera que favorable ! Mais je vais m'informer près du docteur, afin de faire venir de Florence une garde-malade. Mrs Smeeton, qu'elle traite en esclave, n'a aucune influence sur elle, et sa femme de chambre aura assez de besogne avec son service, sa nourriture, car, naturellement, vous ne vous occuperez de rien, signorina. C'est déjà trop que vous soyez obligée d'abandonner votre chambre !

– Je considère au contraire cela comme bien peu de chose... Quant à la femme de chambre, nous la logerons dans une pièce du second étage. Mais pensez-vous que... que M. de Combayre vienne ? ajouta-t-elle d'un ton hésitant et inquiet.

– Certes non, il ne viendra pas ! Pensez donc, dans ma dépêche, je lui donne l'adresse de votre maison ! Quelle figure ferait-il ici, devant vous, devant son beau-père, devant tous ceux qui l'ont connu ?... Non, non, il ne viendra pas, signorina !

Pasca eut un soupir de soulagement.

– Ah ! tant mieux ! Cela aurait été si... si pénible !... Alors, signore, vous me promettez de garder le secret, même à son égard ?

– Puisque vous le désirez !... Mais je vous avertis que, pour ma part, je me considère bel et bien comme votre parent et que je saurai en revendiquer les privilèges.

Il parlait d'un ton mi-sérieux, mi-plaisant, en enveloppant Pasca de son regard dont l'ironie se faisait en ce moment très douce. Et, s'inclinant avec une aisance élégante, il s'éloigna dans la direction de la maison.

Chapitre 3

Matty venait de s'éveiller quand Mrs Smeeton introduisit près d'elle son cousin. Elle lui tendit sa main un peu fiévreuse en disant d'un ton irrité :

– Eh bien ! vous connaissez la décision de ces stupides médecins ? Me voilà condamnée à rester ici !... Et encore, ils n'ont pas osé me déclarer positivement que je ne boiterai pas désormais !

– Ne vous faites donc pas de tracas d'avance, ma chère ! dit paisiblement Gilles en s'asseyant au pied du lit. Il sera toujours temps de vous désoler si la chose arrive.

Les lèvres de Matty eurent une crispation de colère.

– Oui... cela vous laisse très calme ! Du moment où votre précieuse personne est indemne !

– Il me semble, Matty, qu'elle a reçu également un petit à-coup ?

– Une blessure de rien du tout, qui ne portera aucun dommage à l'élégante silhouette du beau Gilles de Cesbres ! Vous en serez quitte, s'il vous reste une cicatrice, pour adopter une coiffure nouvelle qui deviendra aussitôt le dernier cri pour les snobs de Paris et d'ailleurs.

– Si ça les amuse, ces pauvres gens ! Il faut bien que leur cervelle creuse s'occupe à quelque chose !... Et vous, Matty, qu'allez-vous faire pendant votre réclusion ?

– Mourir d'ennui ! dit-elle d'un air lugubre. Mais tout d'abord, Gilles, je vous demanderai un service.

– Dites, ma chère ! Nous verrons si cela est possible.

– Vous ne vous avancez jamais, vous ! Un autre m'aurait répondu aussitôt : « Je suis entièrement à votre disposition pour tout ce qui vous plaira ! »

– C'est possible ! Mais, moi, je vous connais et je sais que vos désirs ne sont pas toujours réalisables.

– Ils le seraient si vous étiez aimable. Enfin, voici ce que je demande aujourd'hui, – et c'est très raisonnable, comme vous allez le voir : pouvez-vous envoyer demain votre valet de chambre à Florence afin qu'il s'entende avec un tapissier pour faire meubler provisoirement, d'une façon un peu convenable, cette horrible chambre ?

Les sourcils de Gilles se rapprochèrent brusquement.

– Êtes-vous folle, Matty ? Comment ne pensez-vous pas qu'en agissant ainsi vous blesseriez ces hôtes qui vous accueillent avec tant de discrète bonté et une si parfaite simplicité ?

Une rougeur de colère monta aux joues de Matty.

– Que m'importe ! Je ne m'occupe pas de ces gens !

– Eh bien ! moi, je m'en occuperai, à votre défaut ! Vous avez ici tout le nécessaire, cela suffit, et je m'oppose absolument à ce que vous changiez quelque chose à cette chambre.

– Vous... vous opposez ? dit-elle d'une voix que la colère et la surprise rendaient un peu rauque. Et de quel droit ?

M. de Cesbres, paisible et moqueur, répondit :

– Mais de celui que je prends, simplement.

– Ça, c'est trop fort ! Vous verrez si je vous obéirai !... Du reste, je suis bien sotte de vous demander ce service ! Mon père va certainement arriver demain, et c'est lui qui s'occupera de cela.

– En effet, ce sera beaucoup plus simple, dit tranquillement M. de Cesbres. Mais tant que vous serez sous ma tutelle, les choses ne se passeront pas à votre guise.

– Votre tutelle ! C'est un toupet de plus en plus fort ! Et d'où la tenez-vous donc, cette tutelle ?

– Il me semble qu'elle découle tout naturellement de ce fait que j'ai douze ans de plus que vous, ce qui me rend tout à fait apte à exercer ce rôle grave près d'une jeune fille comme vous.

Elle dit, après un coup d'œil de défi :

– Et si je ne veux pas vous obéir ?

Il eut un sourire de fine raillerie.

– Oh ! vous m'avez toujours obéi, Mat ! J'espère que vous ne commencerez pas maintenant à vous révolter pour de bon ?... Allons ! quittez ce vilain air qui vous rend fort laide, ou bien je m'en vais immédiatement.

Sa voix s'était faite à la fois impérative et caressante, comme son regard. La physionomie de Matty se détendit peu à peu, se fit presque douce, sa main se tendit vers Gilles en un geste où il y avait de la soumission...

– Vous me faites toujours mettre en colère ! Voyons ! pour vous faire plaisir, je veux bien renoncer à cette idée de meubles. Mais, vraiment, vous avez bien tort de vous inquiéter de ce que peuvent penser ces gens-là.

La physionomie de Gilles se durcit subitement.

– Ces gens-là sont parfaitement élevés et la jeune fille est un modèle de distinction ! dit-il avec une intonation un peu irritée. Je vous engage à ne pas oublier les égards qui lui sont dus.

Une lueur ardente passa dans le regard de Matty.

– Que signifie cette injonction ? Prétendez-vous vous constituer le chevalier de cette signorina ?

– Admettons-le, si vous le voulez ! dit-il avec un sourire sarcastique. Je me doute qu'elle doit être aussi ravissante au moral qu'au physique, et je ne supporterai pas qu'elle ait à souffrir de vos bizarreries et de vos méchancetés de petite fille gâtée.

Il se leva, sans paraître remarquer la rage qui empourprait le visage de Matty et faisait trembler ses lèvres.

– Je vais maintenant retourner pour voir ce qu'Antonin peut faire de ma piteuse chambre d'auberge. Il est ingénieux et débrouillard, heureusement.

– Qu'avez-vous besoin de faire tant d'arrangements ? dit Matty d'un ton brusque. Vous ne comptez pas demeurer longtemps ici ?

– Mais oubliez-vous que vous m'avez demandé hier de ne pas vous abandonner ?

– Et vous m'avez refusé ?

– Oui, mais je ne refuse plus aujourd'hui.

– Pourquoi ? dit-elle entre ses dents serrées.

– Comment, pourquoi ? Ne pensez-vous pas que c'est pour vous faire plaisir ?

– Et vous, pensez-vous que je ne vous connaisse pas ? Ah ! oui, le plaisir de Matty compte bien peu pour vous !... Tenez ! si c'est à cause de moi que vous restez, je vous en dispense. Partez immédiatement, continuez votre voyage, ne vous occupez pas de moi...

La voix calme et railleuse interrompit :

– Bon ! voilà encore ma pupille qui se révolte ! J'aurai le regret de ne pas obéir à vos injonctions, aimable Matty ! Ce pays me plaît et la signorina Pasca m'intéresse énormément. Je compte étudier l'un et l'autre, et pour ce motif vous devrez me supporter ici sans doute jusqu'à votre complet rétablissement.

– Ah ! je savais bien ! dit-elle d'un ton où se mélangeaient à la fois le triomphe et la colère. Ce n'est pas pour moi, c'est pour elle.

– Mais je ne le nie point ! Jamais encore ne s'est présentée pour moi l'occasion d'étudier de près une âme de jeune fille comme l'est certainement celle-là. Oh ! elle ne doit pas être compliquée !... À moins qu'elle ne le soit en raison même de sa simplicité, de sa parfaite limpidité, pour moi, qui me joue maintenant du mystère des âmes troubles, menteuses, pétries de vanités et d'ambitions, ou seulement faibles, sans ressort moral, sans pensées un peu hautes, ou encore de ces petites âmes de snobinettes, légères et vides – à moins que ne soit de celles de ces « princesses de science », adoratrices de leur intelligence et de leur savoir.

Matty avait croisé sur son drap ses petites mains très blanches, garnies de bagues, son regard un peu anxieux ne quittait pas la physionomie froide et moqueuse de M. de Cesbres.

– Et dans ces diverses catégories, quelle place occupe votre cousine, messire Gilles ? demanda-t-elle d'un ton qu'elle essayait de rendre ironique.

– Je vous mets à part, Matty. Vous avez à vous seule les honneurs d'une galerie.

– Daignerez-vous m'expliquer pourquoi, monsieur le psychologue ?

– Non ! je ne daigne pas aujourd'hui. Un jour, peut-être, si vous me mettez en colère...

Mrs Smeeton entra en ce moment, une dépêche à la main.

– Ah ! voilà la réponse de mon père ! s'écria Matty.

Gilles décacheta le télégramme, le parcourut et le tendit à sa cousine...

« Entorse grave. Impossible bouger d'ici longtemps. Vous prie rester près Matty. Lettre suit.

« Combayre. »

Matty se répandit aussitôt en plaintes irritées. Combien se serait agréable pour elle ! Fallait-il que son père fût maladroit pour aller se faire une entorse juste à ce moment ? Elle était bien certaine qu'en se forçant il aurait pu quand même faire le voyage...

Gilles, impatienté, s'éloigna en disant d'un ton sec :

– Je vous préviens, Matty, que si je dois entendre des plaintes continuelles chaque fois que je viens ici, vous ne me verrez pas souvent.

À peine était-il sorti que Matty se mit à sangloter, en criant à Mrs Smeeton qui la regardait d'un air perplexe :

– Allez-vous-en ! Laissez-moi la paix... Et surtout que cette Pasca n'entre pas ici ! Je ne veux plus la voir, elle est trop belle !

Pendant ce temps, Gilles avait rapidement descendu l'escalier. En passant devant la porte ouverte de la petite salle, il aperçut Paolo et alla vers lui, la main tendue.

– Ah ! je suis heureux de vous voir, signore ! dit le vieillard, qui semblait très ému. Ma Pasca m'a raconté tout à l'heure votre conversation... Mais je voudrais vous apprendre comment se fit ce mariage, afin que vous ne puissiez croire que ma pauvre chère Angiolina ait agi par ambition, en vue de la fortune et du nom de cet homme.

– Je n'ai vraiment aucune arrière-pensée, je vous assure !...

– Tant mieux, en ce cas ! Ah ! vraiment oui, elle l'aimait bien pour lui-même !... Tenez ! moi, par exemple, ça me flattait un peu de penser qu'elle allait épouser un noble. Mais elle me dit un jour : « Vois-tu, père, j'aimerais bien mieux qu'il fût de notre classe et presque pauvre, comme nous. Je serais encore bien plus heureuse. »

Et Paolo, dont la voix tremblait d'émotion, redit les phases de cette histoire d'amour, si vite et si tristement terminée.

– À la réflexion, cela ne m'étonne qu'à demi de la part de mon cousin, dit Gilles, qui avait écouté avec intérêt. C'est une nature déplorablement faible et changeante. Se trouvant dans l'alternative d'apprendre à son oncle un mariage qui devait l'irriter profondément, il n'a pas hésité à sacrifier sa femme, pour laquelle déjà son affection s'était fort refroidie, sans doute.

Chapitre 3

Dans les yeux noirs de Paolo, très doux à l'ordinaire, une lueur de colère passa...

– C'est un misérable ! Aussi ai-je refusé son argent pour élever Pasca... Et il n'a pas protesté, signore ! Il a trouvé cela tout naturel, sans doute, et beaucoup plus agréable ; car, ainsi, il pouvait oublier tout à fait qu'il avait une fille !

Un pas léger fit en ce moment grincer les graviers du jardin. Pasca apparut au seuil de la porte-fenêtre. Elle avait les mains pleines de roses, dont le parfum se répandit aussitôt à travers la petite salle... Et celle-ci, presque monacale dans sa simplicité, parut illuminée et parée par la seule apparition de la délicieuse hôtesse.

– Je suis encore là, signorina, dit Gilles en souriant. Je viens de voir ma cousine, qui se désole parce que j'ai reçu une dépêche dans laquelle son père m'annonce – naturellement ! – qu'une entorse l'empêche de bouger.

Quelque chose se détendit sur la physionomie de Pasca.

– J'avais beau penser comme vous qu'il ne pouvait en effet venir, je craignais encore, malgré tout. S'il aime tant sa fille...

La jolie voix douce s'était faite tout à coup un peu âpre et douloureuse.

Une sorte de pitié mêlée de colère s'agita dans le cœur de Gilles, à la pensée que toute la tendresse, les gâteries du père allaient à la petite créature égoïste et sans cœur qui était étendue là-haut, alors que l'autre, cette enfant ravissante, ne connaissait de lui que le délaissement et l'oubli.

– Comme ma dépêche ne lui donnait pas une version trop inquiétante de l'accident, il a jugé inutile d'affronter les ennuis qui l'attendaient ici, expliqua le jeune homme. Il me confie Matty et sait, d'autre part, que Mrs Smeeton et la femme de chambre sont là pour la soigner.

– Alors, vous serez obligé de rester ici, signore ? dit Paolo.

– Mais oui. Si seulement l'auberge était un peu plus... je ne dis pas confortable, mais seulement propre et la nourriture un peu moins atroce.

– Il est évident que vous devez être très mal... je pourrais en parler à M. le curé. Il a une chambre de trop et il lui serait peut-être possible de vous fournir les repas. Son ordinaire est simple, mais sa sœur, qui s'en occupe, ne fait pas de mauvaise cuisine.

– Vous me rendriez grand service ! Autrement, je ne me plaindrai pas de ce séjour forcé dans votre délicieux pays. Je m'occuperai à peindre, à faire des vers, je me promènerai, et le temps passera vite, – trop vite, peut-être ! ajouta-t-il en souriant.

Il regardait Pasca, mais elle, occupée à déposer ses roses sur une table, ne s'en aperçut pas.

– Je vais maintenant regagner mon gîte et voir s'il y a moyen de me mettre quelque chose sous la dent. Le bon air que l'on respire ici donne de l'appétit.

– Votre blessure ne vous fait pas souffrir ? interrogea Paolo.

– Un peu ce matin. Je suppose qu'elle a besoin d'être pansée. Mais je m'entête à ne la confier qu'à certaines petites mains adroites…

Pasca tourna la tête vers lui, sans pouvoir s'empêcher de sourire.

– Si vous y tenez absolument !… Je ne veux pas avoir à me reprocher une aggravation de votre blessure.

Je savais bien que j'aurais la victoire en recourant à votre charité ! Tenez ! voilà ma tête, signorina ! Faites-en ce qu'il vous plaira.

Pour un dilettante comme Gilles de Cesbres, c'était chose exquise de se trouver dans cette petite salle aux murs blancs, aux meubles modestes, que parfumaient les fleurs éparses sur la table, d'être soigné par cette jeune créature en qui tout était harmonie et grâce délicate, d'entendre les quelques mots prononcés par sa voix au timbre velouté, d'aspirer la fine senteur que les roses portées tout à l'heure par elle avaient laissée à son corsage de percale mauve. Et, en voyant que le pansement était terminé, il retint le mot « déjà ! » qui montait à ses lèvres.

– Vous en aurez vite fini maintenant avec cette blessure, signore, dit Pasca. À première vue, elle paraissait plus sérieuse qu'elle ne l'est en réalité.

– Allons ! tant mieux !

Mais il disait cela sans conviction, car c'était « tant pis » qu'il prononçait en dedans.

Il se leva et, jetant un coup d'œil sur les roses, il demanda d'un ton de prière souriante :

– Pourrais-je solliciter le don d'une de mes fleurs préférées ?

– Certainement ! Prenez ce qu'il vous plaira, signore, dit froidement Pasca.

– Je n'en veux qu'une, et choisie par vous.

– Vous la choisirez vous-même beaucoup mieux que moi, selon votre goût.

Une petite flamme à la fois railleuse et irritée s'alluma dans les yeux de Gilles.

– Que vous êtes donc aimable pour ce pauvre cousin ! Eh bien ! puisqu'il en est ainsi je vous les laisse toutes ! Vous n'aurez pas ainsi le désagrément de vous dire que l'une d'entre elles se trouve en la possession de ce mécréant de Gilles de Cesbres.

Il s'inclina devant Pasca, serra la main de Paolo et sortit de la maison.

Le vieillard jeta un coup d'œil perplexe sur le beau visage un peu assombri.

– Tu aurais peut-être pu lui donner cette rose, *cara mia*... Il est ton cousin, après tout.

Un regard où se mélangeaient la tristesse, l'indulgence et une sorte d'impatience difficilement contenue s'attacha sur le visage ridé de Paolo.

– Je ne le considère pas comme tel, grand-père ! S'il l'est par le sang, il est probable que, moralement parlant, nous ne devons avoir rien de commun, et que nos habitudes, notre genre de vie doivent différer de même... Comme je le lui ai fait comprendre franchement tout à l'heure, dans le jardin, je craindrais trop qu'il ne reconnût notre parenté qu'en manière de distraction, pour se donner l'amusement de faire la cour à cette cousine villageoise, à laquelle, une fois retourné dans son milieu, il ne penserait seulement plus. Or, de cela, je ne veux pas... Et vous me ferez plaisir, grand-père, en recevant désormais seul M. de Cesbres.

Chapitre 4

Gilles se vit dès le lendemain installé au presbytère. Certes, il ne trouvait pas là le luxueux confort de son appartement parisien, mais le logis était bien tenu et la cuisine de la signorina Giovanna vraiment très suffisante comme qualité et comme quantité. De plus, le curé, vieillard alerte et robuste, était un esprit intelligent et érudit, et Gilles constata avec plaisir qu'il aurait en lui un interlocuteur agréable au cours des repas et le soir, quand son ministère ne le retiendrait pas au-dehors.

Pour le reste de la journée, le jeune homme s'était créé de suffisantes occupations. Après sa visite du matin à Matty, il partait en promenade, et, l'après-midi, retournait vers les sites qui lui avaient plu pour en faire un croquis ou pour ciseler un de ces délicats petits poèmes que les lettrés appréciaient d'autant mieux qu'ils étaient plus rares, Gilles se consacrant presque exclusivement aux œuvres de théâtre.

Vers cinq heures, il retournait à la maison Neraldi pour prendre le thé avec Matty. Presque toujours, en descendant, il rencontrait Paolo, et tous deux causaient quelques instants, soit assis dans la petite salle, soit en se promenant dans les étroites allées du jardin, en fumant une cigarette.

Mais Gilles ne voyait plus maintenant apparaître Pasca.

– Ma petite-fille est très occupée, répondit le vieillard aux questions de M. de Cesbres. Elle s'intéresse beaucoup aux pauvres, fait apprendre le catéchisme aux enfants et a toujours nombre d'ouvrages en train.

– Ce ne doit pas être gai pour vous, si elle vous laisse aussi souvent seul !

– Oh ! ce n'est pas toujours autant !... Il y a des moments comme cela...

L'évident embarras du vieillard convainquit Gilles de ce qu'il avait deviné déjà. C'était pour éviter tous rapports avec lui que Pasca se tenait ainsi à l'écart et multipliait les occupations au-dehors.

Cette constatation irrita d'abord son amour-propre d'homme très recherché et très flatté. Mais ensuite il s'avisa de trouver cette attitude fort intéressante. Quelle petite âme fière et peu banale devait avoir cette jeune fille ! Décidément, il fallait qu'il trouvât moyen de l'étudier de près.

Il le fallait d'autant plus que cette petite peste de Matty lui demandait, de temps en temps, d'un air moqueur :

– Ça avance, votre étude ?

Négligemment, il répondait :

– Je ne m'en occupe pas encore. J'ai suffisamment à faire sans cela.

Mais il avait compris que, par Mrs Smeeton sans doute, elle savait qu'il ne voyait jamais Pasca, et il la connaissait assez pour être certain qu'elle triomphait de cette déception.

« Mais j'aurai ma petite vengeance, miss Matty, songeait-il avec colère. La signorina Pasca ne sera pas toujours invisible, et, alors, je saurai m'amuser à mon tour en excitant votre jalousie. »

Seulement, il se demandait comment il s'y prendrait pour rencontrer Pasca. Il se rendit un matin à l'église, à l'heure de la messe, dans l'espoir de l'apercevoir, et put en effet la contempler agenouillée, priant avec une grave ferveur qui éclairait tout son beau visage. Mais Gilles, tout incroyant qu'il fût, avait conservé assez de respect des convictions d'autrui pour se faire scrupule de la déranger ici, et, d'autre part, il ne pouvait lui parler à la sortie de l'église, sur cette petite place où toutes les commères du village avaient coutume de se réunir autour de la fontaine. Pour rien au monde, lui, l'homme sceptique et insouciant, il n'aurait voulu causer le moindre tort à Pasca.

Il était allé plusieurs fois au bois de Silvi, espérant la revoir près de la chapelle, comme le jour de l'accident. Le petit oratoire de la Madonne l'avait charmé, et un après-midi, – il y avait huit jours qu'il était à Menafi, – il vint s'installer là avec son chevalet et ses pinceaux.

La chaleur extrême était ici fort atténuée par l'épais feuillage des hêtres. Gilles travaillait activement, esquissant la pittoresque chapelle, tout en aspirant les émanations des roses...

Un bruit léger lui fit tout à coup tourner la tête. Au débouché d'un sentier, il vit Pasca qui, en l'apercevant, ébauchait déjà un mouvement de retraite.

Il se leva avec tant de vivacité que tout son attirail de peinture tomba à terre.

– Vous me fuyez... Je suis donc quelque chose de bien terrible à vos yeux ?

Tout en parlant, il s'avançait vers elle, le chapeau à la main.

Elle avait un peu rougi et Gilles rencontra un regard où la contrariété se mêlait d'impatience.

– Je ne vous fuis pas, signore, je vous laisse la place, simplement, dit-elle d'un ton froid.

– Ce qui veut dire que cette place est habituellement la vôtre. Eh bien, en ce cas, c'est moi qui vais plier bagage.

Elle arrêta du geste le mouvement qu'il faisait déjà vers son chevalet.

– Certes non ! Continuez votre travail, j'ai cent autres endroits où je puis m'installer.

– Pas du tout, je tiens absolument à ce qu'il soit dit que vous m'avez chassé d'ici. Oh ! je suis entêté aussi, quand je m'y mets, signorina ! – tout autant que certaine jeune Italienne de ma connaissance qui s'obstine à traiter son malheureux cousin français en pestiféré.

Pasca rougit de nouveau, en fronçant un peu les sourcils.

– Personne, ici, ne connaît ce lien de parenté, dit-elle sèchement.

– Je me demande d'abord pourquoi vous ne le feriez pas connaître. Matty est confinée dans sa chambre, et ni Mrs Smeeton ni la femme de chambre ne comprennent l'italien. Mais, enfin, admettons que, par crainte des indiscrétions, vous n'appreniez pas à vos concitoyens que Gilles de Cesbres est votre cousin, cela ne vous empêche pas, en dehors d'eux, de me traiter avec moins de rigueur, moins de... défiance, car c'est vraiment le mot, ne trouvez-vous pas ?

Elle baissa un peu la tête, sans protester, et ses doigts se mirent à tourmenter machinalement les rubans de son sac à ouvrage.

– Que devrais-je donc faire pour dissiper ce sentiment si blessant pour moi ? reprit la voix de Gilles, adoucie et vibrante. Tout ce que je pourrai vous dire ne sera pas cru par vous... et c'est vraiment terrible à penser pour moi !

– N'exagérez pas, je vous prie ! dit-elle avec un geste de protestation. Je ne nie pas du tout votre sincérité, mais ma position m'impose une très grande réserve, vous devez le comprendre.

– Certes ! Ce n'est pas cela qui me froisse, croyez-le bien. Mais, je le répète, je devine en vous plus que cela – une défiance véritable, je l'avoue.

Le regard lumineux se leva sur Gilles, parut scruter, avec une sorte de perplexité, ces yeux un peu énigmatiques toujours, mais d'où la raillerie accoutumée était bannie en ce moment, et qui semblaient refléter la sincérité.

– Je le regrette... oui, je le regrette vraiment, dit-elle d'un ton hésitant. Voyez-vous, je suis une simple villageoise, je ne sais pas...

– Une villageoise ! Dites une exquise grande dame ! interrompit Gilles avec chaleur.

Le teint mat s'empourpra, les sourcils dorés se rapprochèrent... Et Gilles, craignant de l'avoir froissée encore, s'écria vivement :

– Pardon ! Je vous promets de ne jamais plus vous adresser de compliments, puisqu'ils paraissent vous déplaire. En retour, dites-moi que vous ne serez pas si rigide à mon égard, que vous ne fuirez pas toujours votre demeure aux heures où je dois venir, que vous me permettrez parfois de causer avec vous ?

– Mais vous êtes très exigeant ! répliqua-t-elle d'un ton mi-sérieux, mi-souriant. Je ne puis rien vous promettre, nous verrons.

– C'est-à-dire que vous vous réservez jusqu'à ce que vous me connaissiez !... Mais comment y arriverez-vous, si vous ne voulez jamais me voir ?

– Je ne refuse pas de vous voir, ni de causer quelquefois avec vous, bien que je me demande quel plaisir un homme de votre intelligence et de votre valeur intellectuelle pourra trouver à la conversation d'une ignorante comme moi.

– L'êtes-vous vraiment tant que cela ?

– À votre point de vue, oui. J'ai fait de bonnes études classiques jusqu'à dix-sept ans. Mais ensuite, revenue ici, il m'a manqué les matériaux et le temps nécessaires pour les pousser plus loin, bien que le désir ne m'en manquât pas. Si je puis parler un peu des faits historiques ou des chefs-d'œuvre de l'Antiquité, du Moyen Âge et de la Renaissance, je suis fort peu documentée sur les œuvres des contemporains... Et je vous préviens, en outre, qu'on ne m'a pas accoutumée à tout entendre et à tout connaître, comme, paraît-il, nombre de jeunes personnes de nos jours.

– Je vous en félicite. Vous êtes une vraie jeune fille, vous, et cela n'existe plus guère, du moins dans les familles que je connais, car je sais bien qu'il en est encore d'autres où se maintiennent les vieilles traditions morales et religieuses qui sont, après tout, les plus sûrs garants de la vitalité et de l'honneur d'un peuple. Je le reconnais loyalement, moi, qui ne suis qu'un incroyant.

– Je vous plains ! murmura Pasca.

– Vous avez peut-être raison, dit-il, avec un sourire amer. Que voulez-vous, j'ai poussé comme j'ai voulu, sans direction morale. Jusqu'à l'âge de douze ans, on m'a donné une teinture d'instruction chrétienne, fortement endommagée par l'ambiance de frivolité et d'indifférence religieuse dans laquelle je vivais près de ma mère, très mondaine, et qui s'astreignait parfois – cinq ou six fois par an, peut-être – à courir, le dimanche, à une messe tardive. Elle mourut comme je venais de faire ma première communion. Mon père était libre penseur, et, de plus, estimait que le plaisir est la seule règle de la vie. Il ne s'occupait jamais de moi, autrement que pour me donner de l'argent et pour me dire : « Amuse-toi, mon ami, c'est de ton âge ! » Heureusement, j'aime le travail. C'est peut-être lui, aidé de quelques principes d'honneur que j'ai conservés malgré tout, qui m'a empêché de devenir pire que je ne suis, de m'abaisser à des compromissions où s'enlisent tant d'autres. Mais je suis devenu un sceptique, ne voyant dans l'humanité que ses défauts, que ses misérables petitesses...

– C'est triste, dit pensivement Pasca.

– Très triste, en effet. Il y a des moments où la vie me semble abominable, je l'avoue.

– Mais pourquoi ne cherchez-vous pas le bien ? Il y en a, voyez-vous, ne serait-ce qu'une étincelle, dans toute âme humaine.

– Oh ! cela me paraît bien hasardé !

– Mais si, je vous assure. Seulement, la pauvre étincelle est parfois tellement enfouie sous les cendres qu'il nous est impossible de l'apercevoir.

– Cependant, il existe de tels monstres, des âmes absolument perverties !

– Je vous concède que, là, l'étincelle est bien faible. Mais je crois que tout homme, tant qu'il a un souffle de vie, est susceptible d'un bon mouvement et d'un repentir.

– C'est très consolant, ce que vous pensez là... Ainsi ce pauvre Gilles n'est pas, à vos yeux, un être irrémédiablement perdu ? ajouta-t-il avec un sourire légèrement ironique.

– Oh ! certes, non ! dit-elle avec élan. J'espère que Dieu vous fera connaître un jour où se trouve la vérité.

– Vous le savez, où elle se trouve ?

– Mais oui !

– Vous en êtes sûre ?

– Très sûre.

– Êtes-vous heureuse ? Cela doit être vraiment bon, quand on voit autour de soi le mensonge triompher, le vice et le crime rester impunis, de croire à quelque chose de très haut, d'infiniment pur, d'infiniment juste et vrai. Comme cela, la vie peut se supporter. Mais quand on doute, comme moi, je vous assure qu'elle paraît bien misérable !

– Que je vous plains ! dit encore Pasca.

Ses beaux yeux exprimaient toute la compassion qui remplissait son âme pour cet homme, en apparence un des heureux de ce monde, et qui s'avouait si pauvre, si désabusé de toutes choses. La sympathie naissait par la pitié… Et cette pitié, chose étrange, parut très douce à l'orgueilleux Gilles de Cesbres, qui n'avait jamais eu, du reste, jusqu'ici l'idée de parler à quiconque comme il venait de le faire à cette jeune fille au regard si profond et si pur.

– Si vous me plaignez vraiment, il faut vous montrer bonne pour moi, dit-il, d'un ton mi-souriant, mi-sérieux. Tenez, je vais encore solliciter une grâce : c'est que vous vous asseyiez là, sur ce banc, pour que je vous esquisse au milieu de ces roses.

– Oh ! par exemple, vous demandez trop !

– Vous trouvez ? Pourtant, vous manqueriez à mon petit tableau… Et je le laisserai au signore Neraldi, qui sera bienheureux d'avoir un portrait de sa petite Pasca.

– Allons, je ne veux pas me faire prier ! dit-elle avec un léger mouvement d'impatience. Mais vous êtes un cousin bien exigeant, signore !

– Ah ! enfin, vous me reconnaissez comme tel ! Mais, en ce cas, supprimons les cérémonies. Vous m'appellerez Gilles, et je dirai Pasca.

– Oh ! comme vous allez !… Cela n'est pas possible…

– Pourquoi donc ? En public, nous nous traiterons cérémonieusement puisque vous tenez à ne pas faire connaître que vous hébergez votre sœur ; mais devant votre grand-père ou seuls, nous serons Gilles et Pasca... J'y tiens absolument, ma cousine.

– Mais nous nous connaissons à peine !

– Ce que je viens de vous dire, Pasca, cet aveu implicite de la souffrance qui tourmente parfois mon âme de blasé et de sceptique, je ne l'ai jamais dit à personne. Il faut que vous m'ayez inspiré une confiance spontanée, telle que je n'en ai jamais ressenti encore... Mais je vois que la réciprocité n'existe pas.

Un peu de tristesse amère passait dans l'intonation de sa voix. Quelque chose tressaillit dans le cœur de Pasca et, en un élan de regret, elle lui tendit la main.

– Pardonnez-moi !... Je suis peut-être trop défiante, en effet. Mais je suis très jeune et bien inexpérimentée...

– Vous avez raison !... dit-il vivement. C'est moi qui demande trop, car évidemment vous ne pouvez savoir encore si je suis sincère. Tout ce que je sollicite, c'est que vous me permettiez de me faire connaître un peu. Est-ce trop ?

– Non, c'est très raisonnable, dit-elle en souriant. Et tenez, puisque vous destinez ce tableau à grand-père, je veux bien accepter de poser.

Elle alla s'asseoir sur le vieux banc et Gilles, relevant son attirail, se remit au travail, non plus en silence cette fois, car il causait et faisait causer Pasca. Sur sa demande, elle lui donna des détails historiques sur la vieille chapelle, lui raconta les poétiques légendes de l'antique sanctuaire, lui parla des coutumes et des traditions du pays. Il l'écoutait, charmé par cette voix délicieuse, par la grâce à la fois délicate et forte de ses pensées, par la profonde intelligence et la rare élévation de sentiments que laissaient voir les appréciations de cette jeune fille.

– Vous me faites l'effet d'une ignorante fort passable, fit-il observer en riant.

– Tant mieux, si je ne vous ennuie pas trop ! répliqua-t-elle sur le même ton. Tenez, j'ai encore en réserve une très jolie légende. Puisque vous êtes poète, vous devriez la mettre en vers, ce serait charmant.

– C'est une idée, cela ! Dites, Pasca, nous allons voir.

Quand la jeune fille eut terminé, Gilles demanda avec un sourire malicieux :

– Vous allez peut-être me trouver bien curieux, mais permettez-moi de vous demander si vous n'avez jamais essayé de faire des vers ?

Une teinte rosée envahit les joues mates de Pasca.

– Si, quelquefois, avoua-t-elle. Mais personne ne m'a appris et je les crois fort mauvais, malgré les appréciations trop partiales de mon cher grand-père.

– Il faudra me les montrer, je vous dirai franchement mon avis... Si vous pouviez m'en faire connaître quelques-uns dès maintenant ?

– C'est facile. Je vais vous dire ceux que j'ai essayé de faire précisément sur cette légende.

Et, avec la plus charmante simplicité, Pasca, dans l'harmonieuse langue italienne, récita quelques strophes, dont la forme imparfaite encore ne nuisait pourtant que fort peu, même pour un maître comme M. de Cesbres, à la profondeur de l'inspiration et au sens poétique très délicat.

Quand elle eut fini, il se leva et s'approcha d'elle.

– Voyez-vous comme j'avais bien deviné !... dit-il gaiement. Rien qu'à votre façon toute poétique de raconter ces légendes et à une certaine tournure de phrases, je m'étais douté de cela... Je ne vous dirai pas le bien que je pense de cette poésie, car vous me reprocheriez de vous faire des compliments, et j'ai promis... Mais je vais, en cousin sans façon, vous en indiquer les défauts.

– Oh ! vous me ferez bien plaisir ! Mais vous paraissez connaître l'italien aussi bien que le français ?

– À peu près. Ma mère parlait admirablement cette langue et s'en servait toujours avec moi.

Quand Gilles eut terminé la critique du petit poème de Pasca, la jeune fille le remercia et lui demanda à son tour de dire quelque chose de lui. Il s'exécuta sans se faire prier, lui qui avait toujours refusé, aux plus hautes personnalités, de faire connaître lui-même ses œuvres... Et cependant, c'était un charme de l'entendre, car il savait donner à sa voix toutes les inflexions et nuançait avec une rare délicatesse les petits poèmes qu'il avait choisis comme devant plaire davantage à Pasca.

– Oh ! que c'est délicieux ! dit-elle, les yeux brillants d'enthousiasme. Vous êtes un grand poète et je ne me lasserais pas de vous écouter.

– Je vous en dirai d'autres quand il vous plaira, Pasca.

– J'accepte en vous remerciant beaucoup. Grand-père aussi sera ravi de vous entendre... Et maintenant, je m'en vais, car il est près de cinq heures. Vous m'avez fait causer, et ma broderie n'a guère avancé.

Gilles jeta un coup d'œil sur la bande de moire qu'elle avait commencé à parsemer de légers semis de fleurs.

– À quoi destinez-vous cette charmante chose, s'il n'est pas indiscret de vous le demander ?

– À être vendue à un grand magasin d'ouvrages de Florence. Ce gain produit par mes broderies ajoute un petit appoint aux maigres revenus de grand-père.

– Mais votre père est riche, Pasca, et il est intolérable de penser...

Elle l'interrompit en fronçant les sourcils :

– Je ne veux pas de l'argent de mon père.

Certes, j'aime mille fois mieux gagner ma vie, et cela ne me coûte pas du tout, je vous assure !

– Cependant, il serait trop juste...

– Je vous en prie, ne parlez plus de cela, dit-elle d'un ton de fière décision.

Elle glissa son ouvrage dans son sac et se leva.

– Au revoir, mon cousin, dit-elle en lui tendant la main.

– Vous ne voulez pas m'appeler Gilles, Pasca ?

– Mais je vais prononcer ce nom drôlement, avec mon accent italien... Tant pis ! Au revoir, Gilles !

– À la bonne heure ! Et ce nom devient délicieux, dit par vous...

– Encore !... fit-elle, avec un regard de reproche.

– Aïe ! c'est vrai, cela a une tournure de compliment !... Pardonnez-moi, je me corrigerai, je vous l'assure... Et à bientôt, n'est-ce pas ?

Elle fit un signe affirmatif et s'éloigna. Gilles la regarda disparaître, puis se mit à ranger son attirail de peinture.

– L'étonnante créature ! murmura-t-il tout à coup. Voilà ce que j'appelle une âme droite et énergique, qui ne doit pas savoir transiger avec le devoir... Et avec cela, délicieusement bonne et compatissante. Elle a eu pitié de moi... et venant d'elle, cela m'a paru tout naturel, et très doux. Ma foi, je n'ai pas pensé une seule minute que j'étais là pour l'étudier ! Je me suis laissé aller tout bonnement au plaisir de la voir et de l'entendre... Maintenant, après l'ange, le démon.

Le démon, c'était Matty, qui attendait son cousin pour le thé, eu s'impatientant fort de son retard. Quand elle le vit apparaître, elle voulut s'aviser de lui faire des reproches. Mais il l'interrompit d'un ton sec :

– Vous savez, Matty, que je ne puis souffrir les scènes. Vous voudrez bien vous le tenir pour dit et vous abstenir désormais d'un accueil de ce genre.

Matty serra les lèvres, sans oser riposter, car Gilles avait en ce moment un certain air qui imposait à l'enfant gâtée elle-même. Mais elle prit une physionomie maussade, tout en versant du thé à M. de Cesbres, qui s'était assis près de la petite table placée à côté du lit de Matty.

Il demeura silencieux, l'air distrait, regardant vaguement le petit oratoire de Pasca, où la veilleuse était éteinte maintenant, car la jeune Italienne n'entrait plus dans cette chambre depuis que Mrs Smeeton, un peu embarrassée, lui avait dit que « miss Matty ne voulait pas qu'elle se dérangeât du tout pour la soigner ».

– Vous semblez bien absorbé, Gilles ! dit tout à coup Matty de sa voix mordante. Combinez-vous quelque nouvelle pièce destinée à porter le comble à votre célébrité ?

– Peut-être, répondit-il froidement.

– Quelle en sera l'héroïne ?... La belle Pasca, sans doute ?

– C'est très possible. Je viens de causer longuement avec elle, et j'ai pu constater que son intelligence et son cœur ne le cédaient en rien à sa merveilleuse beauté.

Matty pâlit et ses lèvres tremblèrent.

– Êtes-vous déjà emballé ? dit-elle avec un rire forcé.

Le regard de Gilles, froid et moqueur, se posa sur elle.

– M'avez-vous vu jamais m'emballer pour quelqu'un ou pour quelque chose ? J'admire en artiste et en poète, voilà tout.

– Avec quelques compliments à la clé, Gilles ? Vous savez si bien les faire, quand vous le voulez !

– Je vous dirai, Matty, que je n'en adresse en général qu'aux orgueilleuses ou aux sottes. Comme j'ai reconnu que la signorina Pasca n'appartenait à aucune de ces catégories, et comme, en outre, j'ai compris qu'elle ne les aimait pas, je m'en abstiendrai à son égard.

Matty eut une sorte de petit rire sardonique.

– Vous avez tort, car je suis bien certaine qu'elle serait trop heureuse d'en recevoir de l'élégant et célèbre Parisien que vous êtes. Vous semblez très fort, Gilles, mais elle doit l'être plus que vous, car ses airs sérieux ne cachent probablement qu'une coquetterie très savante.

– Eh bien ! nous verrons ! dit-il avec calme, étendant la main pour prendre sa tasse de thé. Si je découvre de la coquetterie en elle, je vous promets de vous le dire, Matty. Mais je suis d'ores et déjà absolument certain que vous vous trompez.

– Quelle confiance ! dit-elle, frémissante.

Un léger sourire d'ironie vint aux lèvres de Gilles. Si Matty savait quelle preuve de cette confiance il avait donnée tout à l'heure, spontanément, à cette jeune fille ignorée de lui huit jours auparavant !... Car la cousine connue par lui tout enfant n'avait jamais su, pas plus que personne au monde, que Gilles souffrait de ce scepticisme, de ce mépris de l'humanité et de cette incroyance religieuse dont il semblait se vanter, au contraire, devant tous.

Chapitre 5

Si M. de Cesbres se flattait de connaître déjà la nature de cette jeune parente italienne si inopinément découverte, Pasca, elle, n'était pas si avancée à son égard. Elle pressentait que le caractère de Gilles était de ceux qu'il est très difficile de pénétrer et de définir, et, toute sérieuse qu'elle fût, elle se reconnaissait trop jeune et trop inexpérimentée pour juger en si peu de temps cet étranger aux dehors très agréables, mais dont le regard énigmatique et parfois plein d'ironie la laissait perplexe et inquiète.

Avait-elle bien fait de lui permettre de s'autoriser de ce lien de parenté et de le traiter elle-même en cousin ? À la réflexion, elle trouvait qu'elle avait été trop prompte. Certainement, son aveu de désenchantement et de scepticisme l'avait émue, il lui avait, à ce moment, paru sincère... Mais les protestations de François de Combayre à Angiolina avaient dû avoir ce même accent de franchise. Ici, il ne s'agissait, il est vrai, que d'une amitié entre cousins. Mais, en amitié comme en amour, les hommes savent mentir sans doute, et il convenait de se défier de leur langue dorée.

Pasca s'ouvrit, le lendemain, de son anxiété au curé qui avait béni autrefois le mariage de sa mère. Il l'écouta attentivement, tout en frappant de petits coups secs sur la tabatière posée près de lui.

– Ah ! c'est votre cousin ! murmura-t-il. Un homme très intelligent, très aimable, qui s'entend à ensorceler les gens... Quant à savoir ce qu'il est réellement au fond, hum ! c'est difficile ! Il doit vous glisser entre les mains comme une anguille !... Est-il bon ? Est-il mauvais ? Il me semble l'un et l'autre, selon les moments. Quant à l'indifférence religieuse, elle est complète. Mais, d'après ce que vous me dites, ses parents en sont responsables. Dieu lui enverra peut-être sa lumière, pauvre jeune homme !

– Et croyez-vous que j'aie eu tort en agissant comme je l'ai fait, monsieur le curé ?

– Puisqu'il est votre parent, vous ne pouviez guère le tenir constamment à l'écart, mon enfant. Agissez seulement avec circonspection, d'abord à cause de votre position de jeune fille sans mère, et ensuite parce que la véritable nature de ce jeune homme nous est encore inconnue.

– Savez-vous ce qu'il est comme écrivain ?

– Bien que je ne sois pas au courant de la littérature française, je n'ignore pas que son nom est celui d'un auteur dramatique célèbre, à juste titre, paraît-il, quant au point de vue littéraire. Je sais que son œuvre n'est pas absolument immorale dans le sens que l'on donne généralement à ce mot... Mais il est un grand satirique, un impitoyable railleur de toutes les faiblesses et de toutes les infirmités morales, – à tel point, m'a dit l'ami qui me communiquait ce détail, que la lecture ou l'audition de ses œuvres produit dans l'âme un désenchantement étrange, un amer mépris d'autrui, une désillusion de tout et de tous.

– Mais, alors, cette œuvre n'est pas bonne ?

– Non, certes ! Elle nuit même beaucoup aux âmes. C'est pourquoi je vous répète une fois de plus : soyez circonspecte et tenez-vous sur vos gardes quant aux opinions de M. de Cesbres. Il peut être un fort honnête homme, mais en même temps un esprit égaré par de fausses idées et par un pénible scepticisme. Or, il ne faudrait pas que votre jeune âme en éprouvât quelque dommage.

Pasca rentra chez elle presque aussi perplexe qu'au départ. Ce que le curé lui avait dit de M. de Cesbres ne l'avait pas rassurée, au contraire. Gilles lui paraissait de plus en plus énigmatique, et, pour une chrétienne comme elle, il était très pénible de penser que cet homme si bien doué employait son talent de si mauvaise façon.

Elle le revit le lendemain, comme il descendait de chez Matty. Il s'arrêta dans la petite salle où le signore Neraldi lisait, tandis que Pasca mettait le couvert. Il se montra discrètement aimable, et Pasca, tant qu'il fut là, sentit s'évanouir presque entièrement ses doutes sur sa sincérité. Sa voix chaude et souple avait des accents très francs ; son regard, malgré la lueur ironique qui le traversait trop souvent, semblait révéler une réelle loyauté lorsque, très doux et très enveloppant, il s'attachait sur Pasca.

Mais après son départ, la défiance reparut. Elle reparut même d'autant plus forte que Pasca s'apercevait qu'elle avait cédé au charme insinuant qui émanait de M. de Cesbres, en se trouvant ainsi presque sur le point de lui accorder un brevet de sincérité.

Aux visites suivantes de Gilles, elle se mit à l'observer attentivement, sans en avoir l'air. Mais elle avait eu raison de penser que cette nature était difficile à connaître. Au bout de plusieurs jours, elle ne se trouvait pas plus avancée, le sphinx demeurait toujours impénétrable derrière l'ironie caressante de son regard.

Un après-midi, comme elle travaillait dans le jardin, sous un berceau couvert de roses et de clématites, elle vit apparaître M. de Cesbres, tenant à la main un paquet.

– Le signore Neraldi n'est pas là ? demanda-t-il, après avoir serré la main que lui tendait Pasca. Je lui apportais quelques-unes de mes œuvres traduites en italien, puisqu'il m'avait exprimé, l'autre jour, le désir de les connaître.

– Non, grand-père est sorti, mais il va entrer dans un tout petit moment. C'est bien aimable à vous, Gilles, de lui faire ce plaisir.

– Sera-ce un plaisir ? Bien des idées qui sont exprimées là-dedans ne sont pas les miennes et le froisseront peut-être.

D'un mouvement vif, Gilles s'assit près d'elle sur le banc et lui prit la main.

– Vous avez bien cherché à mieux me connaître tous ces jours-ci, Pasca, dit à son oreille une voix un peu railleuse, mais très douce. N'entreprenez pas une tâche impossible. Si je ne me révèle moi-même à vous, jamais vous ne saurez ce qu'est au fond votre cousin... Lui-même ne le sait pas complètement. Mais enfin, il lui plaît de vous montrer ce qu'il connaît de sa misère superbe, il veut être absolument sincère avec vous, parce qu'il vous a reconnue loyale, délicate et très bonne.

Elle avait essayé de retirer sa main, mais il la tenait fermement. À ces derniers mots, elle leva les yeux et vit une physionomie grave, sur laquelle semblait passer une sorte d'émotion.

– Oui, je l'ai voulu, n'ignorant pas, pourtant, que j'allais provoquer chez vous ce mouvement d'horreur. Je suis mauvais, je le sais. Il n'existe en moi aucune charité, aucune pitié pour les misères d'autrui – pour les misères morales, surtout. Je suis impitoyable – et j'en souffre. Mon égoïsme ne me donne pas le bonheur, loin de là. Mais que voulez-vous que fasse un pauvre homme qui n'a toujours rencontré sur sa route que flatterie et servilité, qui s'est, de parti pris, cantonné dans l'étude des vices et des misères de l'humanité, sans vouloir regarder au-delà et sans paraître se douter que le bien existe aussi dans le monde, trop souvent éclipsé par le mal triomphant ?... Que fera-t-il, jusqu'au jour où enfin il aura pu voir de près et contempler une âme réellement belle, qui lui montre de façon péremptoire que la vertu, la noblesse d'âme, la bonté délicate ne sont pas de vains mots ? Pasca, sans vous en douter, vous avez ébranlé mon scepticisme. Grâce à vous, Gilles de Cesbres est peut-être un peu moins mauvais, aujourd'hui.

Que lui disait-il donc là ? Elle le comprenait de moins en moins...

– Je ne sais vraiment ce que vous êtes ! murmura-t-elle, laissant ainsi s'échapper involontairement sa pensée.

– J'ai, en effet, une nature très complexe, et, comme je vous le disais, je ne me connais moi-même qu'imparfaitement. Pendant longtemps, je me suis cru incapable d'aucun acte de bonté. Mais, depuis que je vous connais, il me semble que j'en accomplirais peut-être, à l'occasion, – oh ! un petit, un très petit ! Je ne serai jamais héroïque !

De nouveau, le rire était sur ses lèvres, mais, sous la raillerie, on devinait une légère émotion.

Et ces deux sentiments se mélangeaient encore dans sa voix, tandis qu'il continuait, en enveloppant du regard le visage perplexe de Pasca :

– Je voudrais que vous m'appreniez à devenir meilleur, afin de n'être plus pour vous un objet d'horreur. Vous avez des yeux si expressifs que j'y ai lu toute votre pensée.

– Oh ! oui, il est si affreux de causer du tort à l'âme d'autrui !

– J'ai une pièce déjà commencée, je la déchirerai et j'en ferai une autre qui puisse être approuvée par vous, Pasca.

Deux grands yeux graves et tristes se levèrent sur lui.

– Pourquoi faites-vous cela ? murmura Pasca.

M. de Cesbres eut un sourire d'amer dédain.

– Pourquoi ?... Et comment voulez-vous que je fasse autrement ? Je n'ai pas de boussole. Je vais au gré de ma fantaisie, et celle-ci est un guide qui peut conduire un homme fort loin – même jusqu'au crime. Ceci ne veut pas dire que j'en sois arrivé là, mais enfin, je n'ignore pas que mes œuvres ne peuvent faire aucun bien – et qu'elles peuvent faire beaucoup de mal.

– Vous le savez... et vous continuez !... Oh ! c'est épouvantable !

L'ouvrage s'était échappé des mains de Pasca et la jeune fille regardait Gilles avec des yeux dilatés par l'indignation et par une sorte d'effroi.

Un léger sourire sarcastique s'échappa des lèvres de M. de Cesbres.

– Mais que voulez-vous que m'importent les âmes d'autrui ? – en admettant que je croie à l'existence de l'âme, ce qui m'arrive quelquefois, par exemple quand je suis près de vous... Il me plaît d'écrire de ces satires violentes, de ces scènes où tous les héros se lancent à la face leur mépris et leur écœurement. Je ne m'inquiète pas de l'effet qu'elles peuvent produire sur mes contemporains – je n'y pense même pas, je vous l'assure.

– C'est affreux ! murmura une voix étouffée.

Les beaux yeux noirs se détournèrent avec horreur de ce regard sardonique et mauvais.

Elle le regarda d'un air qui signifiait : « Dites-vous vrai ?... Ou vous moquez-vous de moi ? »

Il se mit à rire un peu amèrement.

– Allons, décidément, il n'y a pas moyen de vous convaincre ! Pour vous, je suis irrémédiablement un réprouvé.

– Oh ! non !... Non, Gilles, ne dites pas cela ! Je vous crois maintenant... Je crois que vous souffrez, que vous êtes las de votre scepticisme, que vous voulez donner un peu de votre confiance à votre petite cousine villageoise, parce que vous avez compris qu'elle saurait être discrète, que sa compassion serait celle d'une âme qui connaît elle-même un peu de sa propre misère...

Elle parlait avec élan et toute l'ardeur de son cœur charitable brillait dans ses beaux yeux.

– Dites, est-ce cela, Gilles ?

– C'est cela, Pasca... Je ne me suis jamais confié à personne, mais vous, j'ai senti aussitôt que vous sauriez me comprendre.

– Vous comprendre ? Je crois que ce sera bien difficile !

– Je vous y aiderai, dit-il en souriant. De votre côté, vous m'apprendrez à étudier le bien et à lui donner une place dans mes œuvres.

Paolo Neraldi arrivait à ce moment et derrière lui, apparut Mrs Smeeton. Elle avait vu entrer M. de Cesbres et en avait prévenu Matty, qui faisait demander à son cousin de monter près d'elle.

À quoi Gilles répondit :

– J'irai tout à l'heure ; maintenant, je suis occupé, comme vous le voyez.

Pasca protesta :

– Mais vraiment, si votre présence doit la distraire, il ne faudrait pas que ce soit à cause de moi...

Il riposta avec son plus aimable sourire :

– Pardon, c'est d'abord à cause de vous.

Quand Mrs Smeeton rapporta ces paroles à Matty, la jeune fille devint blême et une lueur mauvaise s'alluma dans son regard.

– Ah ! il a répondu cela ? fit-elle entre ses dents serrées. Et vous dites qu'il était assis près d'elle... et qu'ils semblaient causer amicalement quand vous les avez aperçus de loin ?

– Il m'a paru en effet, miss Matty. J'ai cru aussi remarquer que M. de Cesbres n'avait pas l'air ironique qui lui est habituel dans ses autres flirts.

Matty laissa échapper un petit rire moqueur, qui sonna faux.

– Et il prétendait que la jeune personne n'en voudrait pas, de flirt ! Comme il est impossible de le traiter de naïf, je suppose, que c'était là une de ces subtiles railleries dans lesquelles il excelle. Du reste, je ne m'y suis pas laissé prendre. Un homme de sa valeur et de son apparence ne pouvait manquer de produire grand effet sur la cervelle de cette petit villageoise.

– Une villageoise qui a l'air d'une grande dame !... Et elle est si belle ! dit l'Anglaise d'un ton admiratif.

Pauvre Mrs Smeeton ! Ces paroles étaient à peine prononcées qu'elle aurait tout donné pour les reprendre, en rencontrant un regard de sombre colère qui la fit frissonner.

Elle balbutia, essayant de réparer :

– Mais il est certain qu'elle n'est, après tout, qu'une villageoise... M. de Cesbres doit la trouver inintelligente...

– Inintelligente ! dit Matty dans une sorte de rire rauque. Vous n'avez donc pas remarqué ses yeux pour parler ainsi ?... Tenez, allez-vous-en, vous m'horripilez, avec votre sottise !

L'Anglaise s'éclipsa sans protester. Heureuse était-elle que Matty fût clouée au lit et eût ainsi besoin d'elle ; sans quoi, la fantasque jeune fille lui eût probablement signifié son congé, pour cette maladroite louange de celle qui exaspérait sa jalousie.

« Elle est si belle !... elle est si belle !... »

Matty se répétait ces mots, d'une voix sourde et désolée. Devant son regard passait la fine silhouette de Pasca, son ravissant visage, ses yeux admirables, tels que Matty n'en avait jamais vu, et si graves, si profonds, si rayonnants.

Gilles, malgré la complète indépendance de cœur dont il se vantait, pouvait-il résister à tant de charme ?

« Oh ! je la hais ! murmura Matty en se tordant les mains. Pourquoi faut-il que j'aie eu cette idée, pour me venger de ses continuels sarcasmes, de mettre l'automobile à cette folle allure ? L'accident ne serait pas arrivé, il n'aurait pas connu cette Pasca... Et avant, s'il était absolument indifférent pour moi, il n'aimait du moins personne d'autre. Mais qui sait maintenant ? Gilles est un sphinx, nul ne sait ce qu'il pense au fond. Mais, en tout cas, comme il se moque de l'opinion du monde, il ne se gênera pas, si le caprice lui en vient, pour faire sa femme de cette villageoise. Elle, vicomtesse de Cesbres ! sa femme ! la femme de Gilles ! »

Elle s'affaissa sur son oreiller en murmurant :

« Cela ne se fera pas !... Non, je saurai l'en empêcher, si jamais il en avait l'idée. »

Chapitre 6

Matty gardait à son père une rancune tenace de cette entorse si malencontreuse, car, sans elle, M. de Combayre serait accouru près de sa fille, et Gilles, pensait-elle, n'aurait pas eu de prétexte pour demeurer à Menafi.

Aussi se refusait-elle obstinément à répondre aux lettres tendres et inquiètes qu'il lui écrivait plusieurs fois par semaine. C'était M. de Cesbres qui assumait cette tâche et s'en acquittait en quelques mots brefs et froids. Chose étrange ! lui qui considérait avec l'ironique et dédaigneuse insouciance du dilettante toutes les compromissions, les misères et les lâchetés humaines, se sentait prodigieusement irrité par l'acte de François de Combayre, abandonnant sans façon sa femme et son enfant. Il en voulait à son cousin – il lui en voulait surtout de la tristesse que la pensée du père coupable et lâche jetait dans l'âme de Pasca, ainsi que la jeune fille le lui avait dit un jour, et peut-être plus encore de la défiance qui existait dans ce cœur depuis que Pasca avait su par son grand-père pourquoi sa mère était morte.

Un après-midi, comme Paolo reconduisait son hôte un peu au-delà de son logis, ils avaient croisé un grand jeune homme brun, de mine sympathique, qui les avait salués.

– Voilà une physionomie agréable ! fit observer Gilles.

– C'est aussi un bien brave garçon, je vous assure, signore ! Et il a un joli avenir comme professeur. Il s'appelle Giovanni Averri... Ah ! si ma Pasca voulait ! Il l'a demandée en mariage, et elle serait si heureuse avec lui ! Mais non, elle ne veut pas... Voyez-vous, signore, elle pense toujours, j'en suis sûr, au sort de sa pauvre mère, et elle se méfie de tous. Elle m'a dit un jour qu'il lui serait impossible de croire à une déclaration d'amour, que la crainte d'être déçue annihilerait chez elle toute confiance et empoisonnerait sa vie. Alors, dans ce cas, il vaut mieux qu'elle ne songe pas au mariage, n'est-ce pas, signore ?

– En ce cas, oui, elle serait trop malheureuse. Mais il est regrettable qu'elle soit ainsi désillusionnée à vingt ans.

Au fond, ce regret n'était peut-être pas très sincère de la part de M. de Cesbres. Cette jeune désabusée lui paraissait très originale, et d'autant plus intéressante : puis, sur ce point du moins, elle était un peu semblable à lui, qui se targuait depuis longtemps du scepticisme le plus complet sur la fidélité des affections humaines.

Était-ce ce sentiment commun qui les rapprochait peu à peu et donnait à leurs rapports cette simplicité de plus en plus grande, excluant chez Pasca la défiance des premiers jours, et chez Gilles la trop complimenteuse amabilité qui avait effarouché la sérieuse jeune fille ?

Ils causaient un peu de tout, dans ces entretiens auxquels prenait part d'ordinaire le signore Neraldi. M. de Cesbres était émerveillé de la vivacité d'intelligence de Pasca, de sa finesse de jugement et de son bon sens si profond. Il s'apercevait aussi que sa jeune parente goûtait fort sa conversation, et il éprouvait de ce suffrage d'une cousine villageoise infiniment plus de plaisir que de celui de notables personnalités mondaines qui l'avaient proclamé « le causeur inimitable ».

Pasca, au cours de ces entretiens, montrait ouvertement ses opinions religieuses, sa piété ferme et très éclairée. Mais jamais elle n'avait vu une lueur de raillerie ou d'impatience dans le regard de Gilles. Un jour même, il lui dit :

– Vous êtes heureuse de croire qu'il existe un bien infini, une beauté éternelle, au-dessus de toutes les turpitudes et misères de cette terre !

Elle fixa sur lui son regard grave et compatissant en répondant :

– Ce bonheur pourrait être aussi le vôtre, Gilles !

Un instant, l'habituelle ironie reprit le dessus, tandis qu'il ripostait :

– Tiens ! Gilles de Cesbres devenu un dévot petit saint, ce serait tout à fait gentil, et Paris s'en amuserait longtemps !

Mais, devant la surprise peinée et le reproche qui remplissaient les grands yeux noirs, sa physionomie exprima aussitôt le regret.

– Pardon, Pasca ! Je suis un être stupide !... Croyez-le, si jamais la foi que vous professez s'emparait de moi, ce n'est pas l'opinion du monde qui m'empêcherait de la confesser. J'ai des défauts en masse, mais il est bien reconnu que je me moque du qu'en-dira-t-on, pour le bien comme pour le mal.

Maintenant, Pasca croyait à sa sincérité. Cette nature devenait pour elle moins impénétrable, elle comprenait que Gilles n'était pas mauvais au fond et qu'il aurait pu être bon, si son éducation normale avait été autre. Elle pressentait que les instincts de cette âme, plus nobles peut-être que ceux de son entourage, la rendaient plus apte à souffrir de cette existence vide, frivole, insouciante, qui était la sienne, en dehors de ses heures de travail.

La sympathie était née en elle et se fortifiait chaque jour, à mesure qu'elle voyait Gilles plus simple et plus confiant, et qu'elle se convainquait que son intérêt pour elle n'était pas, comme elle l'avait craint tout d'abord, le désir de se procurer une distraction en faisant la cour à la jeune parente si inopinément découverte.

Mais ces rapports amicaux allaient cesser. Le chirurgien venait de déclarer que, dans quelques jours, Matty pouvait être transportée et regagner Paris, où son père, « à peine remis de son entorse », écrivait-il, l'attendait impatiemment.

– Quel bonheur ! s'exclama la jeune fille en apprenant la nouvelle à Gilles. Je mourais à petit feu, ici. Impossible de voir âme qui vive, en dehors de vous et de Mrs Smeeton...

– À qui la faute ?... Si vous aviez voulu, la signorina Pasca, si bonne, vous aurait été une compagnie charmante...

– Laissez-moi tranquille avec votre Pascal... interrompit Matty, dont les joues s'empourprèrent de colère. C'est bon pour vous de lui trouver toutes les qualités. Moi, elle m'a excédée dès la première fois que je l'ai vue.

– Je le comprends ! dit-il d'un ton de paisible raillerie.

– Pourquoi le comprenez-vous ?

– Mais parce qu'une femme aussi idéalement belle ne peut qu'exciter la jalousie des autres femmes.

Les lèvres de Matty eurent une crispation.

– Vous croyez que je suis jalouse d'elle ? dit-elle d'un ton de bravade.

– J'en suis même certain, très chère cousine !

Elle leva brusquement les épaules, en lui jetant un regard de défi.

– Et moi, je vous dis que vous vous trompez ! Jalouse de cette fille de paysans, moi ?

Et un éclat de rire moqueur s'échappa de ses lèvres.

Gilles eut un violent froncement de sourcils et ses yeux étincelèrent.

– Fille de paysans, elle l'est, en effet, par sa mère, car le père du signore Neraldi était un simple petit cultivateur. Mais, du côté paternel, elle descend d'une vieille famille noble et je ne crois pas me tromper en affirmant qu'elle a tout autant de quartiers de noblesse que vous, Matty !

La jeune fille devint pourpre. Elle n'ignorait pas, en effet, que son aïeul maternel était fils d'un très humble paysan du Staffordshire.

– Comme vous voilà bien renseigné ! dit-elle en essayant de cacher sa fureur sous la raillerie. On voit que vous avez toute la confiance de la signorina.

– Elle veut bien, en effet, me faire l'honneur de me l'accorder.

– Mais alors, votre départ va la réduire au désespoir, mon pauvre Gilles !

Il dit, avec son habituel rire sarcastique :

– Elle n'est pas si sotte que cela, rassurez-vous, Matty !

Quand il l'eut quittée, en annonçant qu'il allait prévenir son valet de chambre d'avoir à commencer ses préparatifs de départ, Matty se mit à songer :

« Que pense-t-il vraiment au sujet de cette jeune fille ? Est-ce un simple caprice, un flirt qu'il oubliera demain ? Avec ce que je connais de sa nature indépendante, de son cœur insensible, je serais sans crainte, si... si cette étrangère n'était pas ce qu'elle m'a paru, c'est-à-dire plus que belle. Je suis sincère, bien que je la haïsse ; je reconnais que sa physionomie a une expression saisissante, et que ses veux sont admirables. Alors, Gilles pourra-t-il l'oublier ? »

... Or, si Matty avait pu pénétrer dans la pensée de Gilles, elle aurait vu que, bien loin de songer à l'oubli, il méditait sur les moyens de continuer par écrit ces rapports d'amitié...

Car il n'y avait que de l'amitié entre eux, et l'un et l'autre voulaient qu'il n'y eût jamais que cela.

Certes, au début, Gilles, par dilettantisme de psychologue, avait eu l'idée de tenter la conquête de ce jeune cœur. Mais il n'y avait plus songé aussitôt qu'il en avait connu la noblesse et la délicate fierté. Son scepticisme s'était incliné respectueusement devant cette âme qu'il devinait si belle, et si hautement chrétienne. Dès lors, il n'avait plus vu en elle un objet d'étude, comme tous les êtres féminins, rencontrés jusqu'ici, l'avaient été pour lui. C'était une sympathie sincère, et chaque jour plus forte, qui le rapprochait de Pasca, et lui, l'indépendant, tout en s'apercevant de l'influence qu'elle exerçait peu à peu sur ses jugements, ne songeait pas à s'y soustraire et sentait même une douceur à céder à cet attrait fait de délicates vertus et d'une rare élévation d'âme.

Mais quant à l'aimer, non ! non ! L'amour est une chaîne, et Gilles avait horreur des chaînes. Une affectueuse amitié de cousins qui sympathisent, voilà tout ce qui existerait jamais entre eux... Et, bien qu'il éprouvât un très vif regret de s'éloigner d'elle, il ne pouvait s'empêcher de penser qu'il valait mieux que cela fût ainsi, car il était trop expérimenté pour ne pas prévoir que l'amitié se changerait presque inévitablement en un autre sentiment, dans une continuité de rapports entre cette délicieuse créature et lui, qui avait à peine dépassé trente ans. La séparation éviterait ce danger, et ils pourraient, quand même, continuer à converser par correspondance, en cousins affectionnés qui échangent leurs idées et se demandent mutuellement conseil.

La veille du jour où devait avoir lieu le départ de Matty, – et le sien aussi, car il retournait également à Paris, – Gilles arriva de bonne heure à la maison Neraldi, dans l'intention de voir plus longuement Pasca, pour ce dernier jour. Ce fut le vieux Paolo qui l'accueillit et lui apprit que sa petite-fille avait emporté son ouvrage pour aller travailler près de la chapelle de la Madonna.

– Puis-je aller l'y retrouver ? demanda Gilles.

Sur la réponse affirmative du vieillard, il se dirigea vers le bois de Silvi. Il marchait très vite, se hâtant machinalement, et, en dix minutes, il eut atteint la chapelle.

Pasca était là, assise sur le vieux banc, son ravissant visage ressortant sur un fond de roses pourpres et rosées. Elle sourit, en voyant apparaître M. de Cesbres et se recula un peu, en lui désignant la place libre près d'elle sur le banc.

– Vous venez me faire vos adieux, Gilles ?

– Pas tout à fait encore, chère cousine. Mais enfin je les commence un peu aujourd'hui, car, demain, il nous faudra peut-être les échanger en étrangers, puisque vous vous obstinez jusqu'à la fin à ne pas faire connaître à Matty le lien de parenté qui nous unit.

Une ombre couvrit le visage de Pasca.

– À en juger par l'attitude de Mlle de Combayre envers celle qu'elle croit une étrangère, on peut prévoir ses sentiments si elle savait qui je suis.

– Oh ! elle ne serait peut-être pas plus désagréable ! Enfin, puisque vous aimez mieux garder l'incognito... Alors, je vais être condamné à ne plus vous voir pendant de longs mois, Pasca ?

Il lui avait pris la main et caressait la jeune fille de son regard souriant et sérieux à la fois.

– ... Mais il est bien possible que, dans le courant de l'hiver, je fasse une petite fugue de ce côté-ci, pour vous revoir.

– Qui sait si vous n'aurez pas déjà oublié votre nouvelle cousine, à ce moment-là !

– Comme vous avez encore peu de confiance en moi !... Et pensez-vous d'ailleurs qu'on vous oublie si facilement ?

Il s'étonna lui-même de la chaleur avec laquelle il venait de prononcer ces mots. Aux joues de Pasca, un peu de rose avait monté, et ses longs cils s'abaissèrent sur ses yeux comme pour en voiler, au regard de Gilles, l'expression émue et heureuse.

– Je veux vous croire, Gilles... Oui ! je veux croire que vous penserez quelquefois à votre cousine de Menafi.

– Chaque fois que je me mettrai au travail, d'abord. Je me dirai : « Telle idée, telle opinion serait-elle approuvée de ma sage petite cousine ? » Et puis, chère Pasca, il existe un moyen de communiquer ensemble. Nous nous écrirons, n'est-ce pas ?...

– Pensez-vous que nous le puissions ?...

– Comment, des cousins !... Et je suis sûr que vous écrivez délicieusement.

Sous l'ombre paisible des vieux hêtres, ils continuèrent leur causerie, tandis que Pasca faisait marcher activement son aiguille. Ils goûtaient le charme mélancolique de ce dernier entretien et chacun d'eux, secrètement, souhaitait que les heures se fissent plus longues.

Mais le temps marchait inexorablement. Gilles, en consultant tout à coup sa montre, jeta une exclamation :

– Cinq heures un quart ! Déjà !... Tant pis pour Matty ! Elle aura bien le temps de me voir à Paris.

– Si, allez-y ! Il ne faut pas être mauvais pour elle. Elle est à plaindre, si elle n'a pas reçu d'éducation morale... Et puisque vous avez de l'influence sur elle, m'avez-vous dit, vous devriez tâcher de la transformer un peu.

Gilles eut un éclat de rire sardonique.

– Moi !... Mais d'abord, Pasca, il faudrait que je commence par me transformer moi-même ! Lorsque vous m'aurez converti, ma sainte petite cousine, alors je me découvrirai peut-être la vocation de l'apostolat et j'aurai le courage de tenter à mon tour la conversion de Matty. Mais jusqu'ici, voyez-vous, je ne m'en sens ni le goût, ni les moyens... Ne me faites pas ces yeux de reproche ! Je suis encore mauvais, très mauvais, je l'avoue humblement. Je voudrais bien, croyez-le, avoir aussi ces trésors de bonté, de zèle, de charitable indulgence qui remplissent votre cœur et que vous êtes prête à répandre sur l'humanité entière, – sauf cependant sur les pauvres hommes qui oseraient, prétendant à votre main, vous parler d'amour.

Pasca rougit et ses sourcils dorés se rapprochèrent un peu.

– Non ! ceux-là, je ne les croirai jamais ! dit-elle d'un ton bref.

Un silence tomba entre eux. Gilles, les yeux baissés, semblait considérer avec attention la broderie étalée sur les genoux de Pasca, – à moins que ce ne fussent les délicates petites mains qui se croisaient dessus, un peu frémissantes.

– Allons ! pour vous faire plaisir, je vais passer quelques minutes avec cette insupportable Matty ! dit-il tout à coup en se levant. Mais en récompense de ma docilité, je vais solliciter quelque chose.

– Quoi donc ? demanda-t-elle, en levant vers lui son regard souriant.

– Que vous me donniez ce que vous m'avez refusé une fois… Vous vous souvenez, ce jour où je vous ai demandé une rose ?

Elle rougit de nouveau, puis riposta :

– J'ai bien envie de vous répondre comme alors, que vous n'avez qu'à choisir !

– Vous ne serez pas si cruelle envers le pauvre cousin qui va vous quitter ? Tenez ! cette fleur, ce souvenir de vous, je vous le demande à genoux !

Et, joignant le geste à la parole, il mit un genou en terre devant elle.

– Gilles, vous êtes fou ! Relevez-vous vite ! Cessez cette plaisanterie !… Quelqu'un peut survenir…

– Donnez-moi ma rose, Pasca !

Elle se leva vivement et, se détournant un peu, étendit la main vers les fleurs qui couvraient la vieille muraille. Elle cueillit une rose pourpre et la tendit à Gilles, qui venait de se relever.

– Tenez ! tyrannique cousin ! Et voyez de quoi vous êtes cause !

Elle lui montrait un de ses doigts, sur lequel la piqûre d'une épine avait fait perler une goutte de sang.

– Oh ! pardon, Pasca ! Je regrette maintenant mon exigence.

Mais elle l'interrompit en souriant.

– Ne prenez pas cet air désolé. Ce n'est rien du tout, et je suis après tout heureuse de vous faire plaisir avant de vous dire adieu.

– Je vous remercie de cette parole… Me permettez-vous, en faveur de ce départ, de baiser cette petite main qui vient d'être blessée à cause de moi ?

Une légère teinte pourpre vint aux joues de Pasca, sans doute au souvenir de la scène qui avait eu lieu le jour de l'arrivée de Gilles. Il le comprit, car il murmura d'un ton de reproche :

– M'en voulez-vous encore ?

– Non, Gilles.

En même temps, elle lui tendit la main. Les moustaches blondes l'effleurèrent, les lèvres de Gilles s'y posèrent doucement.

– Merci, chère Pasca, dit-il en se redressant. Maintenant, je sens que plus aucune arrière-pensée ne subsiste entre nous et que j'ai conquis votre confiance. Au revoir et pensez quelquefois à moi, n'est-ce pas ?

– Oui, je prierai pour vous.

– J'en serai heureux, Pasca.

Il pressa une dernière fois les doigts qu'il tenait encore, enveloppa d'un long regard le délicieux visage en ce moment très ému... et il s'éloigna, emportant la vision de ces yeux superbes où l'âme pure, ardente et fière de Pasca s'était révélée à lui.

Elle le suivit du regard, jusqu'à ce qu'il eût disparu. Alors, elle s'assit de nouveau et se pencha pour ramasser son ouvrage qui avait glissé à terre. Mais elle demeura un long moment inactive, en se demandant avec surprise comment le départ de ce parent, connu depuis si peu de temps, pouvait lui donner une telle impression de tristesse et de regret.

Gilles se félicita le lendemain d'avoir fait ses adieux à sa cousine, en apprenant de la bouche du signor Neraldi que Pasca était partie la veille au soir pour Florence où l'appelait une parente malade.

Il aimait mieux, du reste, ne pas la revoir en présence de Matty. Il leur aurait fallu jouer la comédie, avoir l'air de se traiter en étrangers. Et encore, peut-être, le regard très perspicace de Matty n'en aurait-il pas été dupe.

Puis, il sentait que l'image de Pasca ne s'était déjà que trop implantée en lui et qu'il valait mieux qu'il ne la revît plus, d'ici un certain temps du moins. La veille, il avait compris, en la quittant, qu'un mot, un regard auraient peut-être eu la puissance de le retenir près d'elle pour toujours.

Chapitre 7

– Êtes-vous malade, Cesbres ?

– Pourquoi, mon cher ? En ai-je donc la mine ?

– Non, mais depuis votre retour d'Italie vous vivez en cénobite, on ne vous voit nulle part et vous devenez d'une austérité !

– Oui, je me mets dans la peau d'un homme sérieux. Quant à ne me voir nulle part, vous exagérez, Body. J'étais, mardi, chez la comtesse de Sablans ; j'assistais, jeudi, à la première de *Rêve d'or*, chez Max Brunol ; je viens aujourd'hui d'admirer ces automobiles plus superbes les unes que les autres, afin de pouvoir en parler, ce soir, en connaissance de cause chez la princesse Aleskine et donner mon avis à Berthe Dorbach, notre grande comédienne, qui a l'intention d'en acquérir une. Vous êtes donc mal venu, Body, à me traiter de cénobite.

– Je vous dis qu'il y a quelque chose de changé en vous : Tout le monde le sent, le devine, le répète.

– Et tout le monde a raison. On s'en apercevra d'ailleurs à ma prochaine pièce.

– Vraiment ? Ce sera du tout nouveau ?

– Du très nouveau... Je vois à vos yeux que vous allez m'interroger, Body. Mais c'est inutile, personne n'en connaîtra rien jusqu'au jour où je la livrerai aux interprètes. Allons, bonsoir, mon cher, car il fait un petit vent passablement glacial, ne trouvez-vous pas ?

Et, serrant la main de Léon Body, romancier à succès et critique d'un grand journal quotidien, Gilles de Cesbres gagna son coupé électrique qui l'attendait aux approches du Grand Palais, où se tenait en ce moment le Salon de l'Automobile.

– Je rentre, Martel, dit-il au chauffeur.

Le coupé se dirigea vers le boulevard Saint-Germain. Gilles, d'un œil machinal, suivait l'incessant va-et-vient des voitures de maîtres, des fiacres, des automobiles...

« C'est pourtant vrai que je ne suis plus tout à fait le même, songeait-il. Je ne puis plus l'être. Depuis que je l'ai vue, la vie me semble moins terne et je me sens un peu plus de pitié pour les misères morales, en même temps que je m'indigne davantage contre l'hypocrisie et le vice triomphant – tout ce qui indigne aussi le plus au monde « son » noble cœur. En si peu de temps, elle m'a déjà changé. Quel sortilège y a-t-il donc en cette petite Pasca ? Et comment se fait-il que, en dépit de la séparation, je pense sans cesse à elle ? Faut-il croire ce que dit le poète ?

Chapitre 7

Un nom cher fut gravé sur un arbuste frêle.
L'arbre, aujourd'hui géant, a cent fois reverdi.
Vois, sur le tronc rugueux, les lettres ont grandi
Tel, dans un cœur aimant, un souvenir fidèle.

« Un cœur aimant, ce n'était pas précisément le mien, jusqu'ici. Faut-il penser qu'il l'est devenu, puisque le souvenir de Pasca demeure toujours en lui, aussi vif, aussi profond ? C'est à surveiller, car je ne voudrais pas que ça aille trop loin. De la sympathie affectueuse, soit, mais de l'amour, non, non ! »

Il déplia un journal et commença de lire. Mais il s'interrompit tout à coup en songeant que, ce mois-ci, il n'avait pas eu de lettre de Pasca.

« Serait-elle malade ? »

Jusqu'ici, elle lui avait écrit chaque mois, en réponse aux lettres qu'il lui avait adressées, et, comme l'avait pensé Gilles, elle écrivait délicieusement. Il retrouvait dans ces missives le même naturel, la même délicatesse d'âme qui l'avaient tant charmé dans la conversation.

De quoi était-il question dans cette correspondance ? Un peu de tout : d'un livre que Pasca avait lu et sur lequel elle donnait son avis, de la nouvelle pièce que Gilles avait commencée et dont il communiquait le plan à sa cousine italienne, de réflexions sur tel événement, sur tel fait, où Pasca savait glisser la pensée chrétienne, le conseil discret. Un jour, Gilles avait reçu un petit mot de reproche à la suite d'un jugement impitoyable et cruellement moqueur porté par lui dans une revue dont il envoyait souvent à sa cousine des extraits choisis avec soin. Vite, il avait répondu, s'excusant et s'accusant devant « sa sainte petite Pasca » de son irréductible méchanceté.

« Vous aurez bien de la peine à me rendre bon ! ajoutait-il. D'une autre, je dirais que c'est impossible. Mais vous, je vous crois capable de tout. »

Et, vraiment, il le pensait ainsi. Mais, tout en trouvant une douceur jusque-là inconnue dans ce constant souvenir, tout en reconnaissant que la réelle atténuation de son scepticisme et de son ironique mépris de tout était favorable à son équilibre moral et lui faisait goûter un certain bien-être intérieur, il sentait parfois son égoïsme s'effrayer de la force de cette influence féminine, que la distance n'avait pu affaiblir. Alors, à ces moments-là, il pensait :

« Je mettrai un certain temps avant de lui répondre... Nous espacerons cette correspondance. »

Mais quand arrivait la lettre de Pasca, il fallait, toute affaire cessante, qu'il se mît à son bureau pour couvrir de sa haute écriture aiguë plusieurs feuillets. Pasca demandait un conseil sur un livre français qu'elle désirait lire... ou bien elle avait réfléchi à certain point de la pièce de Gilles et lui soumettait l'idée qui lui était venue... ou encore elle disait ses inquiétudes au sujet de la vue malade de son grand-père et demandait à Gilles s'il n'avait pas entendu parler de quelque médication efficace, les oculistes se déclarant impuissants.

Et Gilles, qui n'avait jusque-là jamais eu la pensée de se déranger pour autrui, faisait acheter aussitôt le livre désigné, le lisait scrupuleusement, pour s'assurer que rien ne choquerait celle qu'il connaissait déjà si bien, et l'envoyait à Pasca... Il reprenait le plan de sa pièce et examinait avec soin l'idée de sa cousine... Il s'en allait aussitôt à Versailles trouver le comte de la Vaunelle, un parent éloigné, qui avait eu aux yeux une affection semblable à celle du signore Neraldi, et, déployant pour lui toute la séduction de sa parole et de son regard, lui arrachait le secret du remède qui l'avait guéri et que ce féroce égoïste, misanthrope ennemi de toute la société, prétendait garder jalousement.

De plus, il relisait maintes fois, en y trouvant toujours un nouveau charme, ces lettres écrites sur un très simple papier blanc et si différentes des élégantes missives parfumées envoyées à M. de Cesbres par des admiratrices de son talent – missives qui s'en allaient, du reste, aussitôt au panier, après avoir été parcourues d'un œil distrait, et auxquelles il faisait généralement répondre par son secrétaire, à moins qu'elles n'émanassent de hautes personnalités.

Mais Gilles conservait jalousement le secret de sa correspondance avec Pasca. Et, pour éviter les commentaires des domestiques, c'était toujours lui qui mettait à la poste les lettres destinées à sa jeune cousine de Toscane.

Chapitre 7

Cet après-midi-là, en entrant dans l'appartement qu'il occupait au troisième étage d'une maison de superbe apparence, il demanda aussitôt au domestique qui lui ouvrit :

– Le courrier est-il arrivé, Germain ?

– Oui, monsieur le vicomte !

Il entra dans son cabinet de travail, pièce immense décorée avec un luxe très artistique. Gilles de Cesbres avait un goût très sûr, et il avait su aménager un intérieur délicieux avec les superbes meubles anciens de sa famille et les objets d'art pour l'achat desquels son père avait dépensé des sommes considérables.

Sur son bureau, le courrier était déposé sur un curieux plateau d'ivoire. Une petite enveloppe bordée de noir frappa aussitôt son regard. Il la saisit et laissa échapper une exclamation...

– Mais c'est de Pasca ! De qui est-elle en deuil ? Serait-ce de son grand-père ?

Rapidement, il déchira l'enveloppe et déplia le feuillet...

« Je ne vous écris que quelques mots, Gilles, car ma pauvre tête est si lasse et mon cœur si brisé ! Mon cher grand-père vient d'être rappelé à Dieu. Une congestion pulmonaire l'a emporté en quelques jours. Il est mort bien résigné, malgré tout son chagrin de laisser seule sa petite Pasca.

« Je suis encore sous le coup de cette séparation et je me sens toute faible, un peu désemparée. Il était si bon, mon grand-père chéri ! Et il était vraiment ma seule famille.

« Ne vous fâchez pas si je dis cela, Gilles. Vous étiez, il y a si peu de temps encore, un étranger pour moi ! Avec cela, nous sommes destinés à ne nous revoir que bien rarement. Mais il m'est doux pourtant, au milieu de mon chagrin, de penser à votre amitié, que je sens véritable. C'est parce que j'y crois vraiment qu'au lieu d'une banale lettre de faire-part, je viens vous dire toute ma peine, sachant que vous y compatirez.

« La sœur de M. le curé va habiter avec moi, jusqu'au jour où, les affaires réglées et la chère maison étant louée, je me retirerai dans un couvent de Florence. J'aurai là, pour un prix modique, une petite chambre, et je me mettrai au travail. Je ferai des broderies, je donnerai des leçons de français... Et Dieu m'accordera la grâce d'être courageuse, complètement résignée à son adorable volonté.

« Pardonnez-moi si je ne vous écris pas plus longuement, Gilles. Je ne sens plus ma pauvre tête. Croyez, je vous en prie, au toujours fidèle souvenir de votre cousine italienne.

« Pasca. »

Sur la feuille, des larmes avaient glissé et formaient de petites taches jaunâtres.

– Oh ! ma pauvre Pasca ! murmura Gilles.

Une émotion véritable le serrait au cœur. En ce moment, il aurait voulu être près d'elle pour la consoler, pour lui prouver qu'elle n'était pas seule encore, puisqu'elle avait l'affection de son cousin.

– Et elle va s'enfermer dans un couvent, travailler comme une mercenaire pour gagner sa vie... elle, si délicate et si belle ; elle dont le père est riche ! Elle aime mieux cela que de lui demander quelque chose, et je comprends cette fierté... Comme, au milieu même de son abattement, on la sent énergique toujours et croyante dans une protection divine ! Ah ! quelle femme que celle-là ! Si j'en avais rencontré une semblable sur mon chemin, il y a huit ans, ma vie aurait été changée.

Il demeura un moment songeur, le front plissé, froissant machinalement entre ses doigts la lettre de Pasca.

– Non ! non ! pas de ça ! murmura-t-il tout à coup avec impatience. Tu déménages, mon pauvre Gilles ! Oui ! il faut vraiment que tu sois fou pour songer, toi, le parfait égoïste, à épouser cette délicieuse Pasca, c'est-à-dire à t'enchaîner complètement, car tu sais d'avance qu'elle prendrait sur toi une influence toute-puissante, avec une intelligence et un cœur pareils ! Halte-là, mon ami !

Il s'assit devant son bureau et machinalement, se mit à relire la lettre de sa cousine.

– Elle a pleuré, pauvre petite !... Comme elle va se trouver seule !... Mais, une idée !... Je comprends qu'elle ne demande rien à son père, mais moi, qui m'empêche de parler d'elle à M. de Combayre ? Je lui avais promis de n'en rien faire en partant, cet été, de Menafi, mais, depuis lors, les circonstances ont changé... Mon cousin François aura peut-être des remords, qui sait ? Puis le moment est favorable, en l'absence de Matty, qui, sans cela, s'opposerait certainement de

Chapitre 7

tout son pouvoir à une réconciliation.

Lorsque Gilles prenait une décision, il fallait qu'il la mît immédiatement à exécution.

Sonnant un domestique, il donna l'ordre de faire avancer sa voiture... Et, une demi-heure plus tard, celle-ci s'arrêtait devant le petit hôtel du baron de Combayre.

Gilles arrivait à un moment extrêmement favorable. M. de Combayre, depuis deux ans, avait une maladie incurable, dont il connaissait toute la gravité. Il se savait condamné, et, sous l'influence de cette pensée, les souvenirs d'autrefois revenaient, ramenant les enseignements chrétiens de son enfance, les croyances de son adolescence, si vite rejetées comme incommodes par le jeune homme léger et insouciant.

Et les remords arrivaient aussi. Maintes fois, durant ses nuits d'insomnie, François de Combayre avait revu le beau visage d'Angiolina et ses grands yeux qui se faisaient si douloureux en le regardant. Il songeait à cette enfant inconnue, sa fille aussi... Et une honte le saisissait à la pensée de sa coupable conduite.

Alors, avec le souvenir de la morte, la terreur s'emparait de lui. Ce juge divin, dont il avait nié l'existence, il y croyait maintenant, malgré tous ses efforts pour retrouver le scepticisme commode d'autrefois. Il savait qu'il lui serait demandé compte de toute sa vie, et en particulier du lâche abandon de sa femme et de son enfant.

Il souffrait donc, et d'autant plus que le caractère fantasque de Matty, l'égoïste indifférence de cette enfant qu'il idolâtrait, lui remplissaient l'âme d'amertume.

Il se trouvait précisément, cet après-midi-là, dans un de ses moments de grand abattement. Matty, sans se soucier de le laisser seul et malade, était partie deux jours auparavant avec des amies pour New York, où elle comptait finir l'hiver en s'amusant beaucoup, avait-elle déclaré avec son sourire sceptique. Jamais elle n'avait été plus désagréable, plus capricieuse que depuis son retour d'Italie. Et M. de Combayre n'avait plus la ressource de prier Gilles de lui faire la morale, car son jeune cousin n'avait pas paru trois fois en ces quelques mois à l'hôtel de Combayre. Encore, ces apparitions étaient-elles très courtes, et M. de Cesbres se montrait-il, envers son parent, d'une froideur dont celui-ci craignait de deviner la

69

cause. Matty, en effet, avait parlé à son père de celle qu'elle appelait Pasca Neraldi et du flirt supposé de Gilles avec la jeune Italienne. Aussitôt, M. de Combayre avait songé :

« Elle lui aura tout appris, évidemment, et Gilles me blâme. Je m'étonne même qu'il ne m'en ait pas dit un mot. »

Or, ce blâme muet d'un homme qui considérait en général avec une indifférence moqueuse les compromissions de conscience de son entourage, était extrêmement mortifiant pour l'amour-propre de François de Combayre et lui faisait voir encore avec plus de honte secrète sa lâche action d'autrefois et le coupable abandon de sa fille aînée.

Quand le domestique introduisit M. de Cesbres dans le salon-fumoir où le baron passait ses journées en l'absence de Matty, M. de Combayre eut un léger sursaut de surprise et d'ennui qui n'échappa point à l'œil perspicace de Gilles.

– Vous êtes aimable de venir voir ce père abandonné, Gilles ! dit-il en tendant la main au jeune homme. Car Matty est encore absente, comme vous le savez peut-être ?

– Oui, je l'ai appris chez la princesse Aleskine. Elle est charmante, votre fille cadette, mon cher cousin !

M. de Combayre blêmit, en détournant son regard des yeux un peu ironiques de Gilles.

– Ma fille cadette ?... Pourquoi dites-vous cela ? balbutia-t-il.

– Vous pensez bien, j'imagine, que je ne suis pas resté tout ce temps à Menafi, en ayant l'occasion de causer très souvent et très intimement avec Pasca de Combayre et son grand-père, sans être bien vite au courant de tout ? Dès le lendemain de l'accident, du reste, je savais qui était cette fille et, depuis lors, je me suis fait un devoir et un plaisir de la traiter en cousine.

– C'est exact !... Je n'ai pas à nier !... murmura M. de Combayre.

Il passa la main sur son front, où perlaient des gouttes de sueur.

– J'ai été faible... Mon oncle ne m'aurait jamais pardonné. Je l'avais pourtant bien aimée, Gilles ! Mais le cœur de l'homme est si chancelant !

– Le cœur de certains hommes, oui ! dit M. de Cesbres entre ses dents.

– Et ensuite, je n'ai pas eu le courage de faire connaître ce mariage ! continua M. de Combayre. J'avais contracté une seconde union et je savais que ma femme se montrerait excessivement mécontente d'apprendre que Matty avait une sœur, car, en dépit de sa grande fortune, vous n'ignorez pas combien cette pauvre Sarah était intéressée ? Puis, je me préoccupais beaucoup de l'opinion du monde, de nos relations... J'endormais quelques vagues reproches de conscience en me disant que l'enfant était certainement heureuse près de son grand-père, et que c'était celui-ci qui avait refusé l'aide pécuniaire que je lui offrais pour son éducation, ainsi qu'il était de mon devoir...

– Vous n'aurez même plus maintenant cela à vous dire ! interrompit Gilles, car le signore Neraldi vient de mourir et Pasca est seule, sans fortune, obligée de travailler pour vivre.

M. de Combayre tressaillit.

– Vraiment, Gilles ? Comment l'avez-vous su ?...

– J'ai reçu une lettre d'elle tout à l'heure... Tenez ! mon cousin, parlons sans ambages. Vous avez là-bas une enfant exquise, dont la beauté, tout admirable qu'elle soit, n'est que le moindre des dons qui lui ont été départis. Celle-là, je puis vous l'assurer, n'aurait pas abandonné son père malade pour un voyage de fantaisie !

– Je n'en veux pas à Matty... Elle a besoin de se distraire... murmura M. de Combayre.

Gilles leva les épaules.

– N'essayez donc pas de l'excuser, devant moi du moins, qui la connais si bien !... Donc, pour en revenir à Pasca, il me paraît que voilà le moment pour vous de réparer. Vous vous doutez bien quels doivent être ses sentiments à votre égard. Comme chrétienne, elle vous pardonne et prie pour vous, mais, autrement, elle essaye d'oublier qu'elle a encore un père. Elle m'a expressément recommandé de ne pas vous parler d'elle, parce qu'elle ne veut jamais rien vous demander, ni rien vous devoir. C'est une âme très fière et extrêmement énergique sous sa douceur. Je lui ai obéi jusqu'ici, mais, devant l'isolement qui est le sien maintenant, je me suis cru délié de ma promesse et je viens vous demander ce que vous comptez faire pour votre fille.

– Ce que je compte faire ?... Mais, Gilles... c'est très délicat... Vous venez de dire vous-même qu'elle n'accepterait rien...

– Aussi n'est-ce pas de cela que je veux parler. Votre devoir est tout tracé. Il vous faut aller trouver Pasca, lui faire comprendre que vous regrettez votre conduite passée, lui dire que sa place est désormais sous le toit paternel, où elle sera traitée sur le même pied que Matty.

– Mais, Gilles !...

M. de Combayre regardait d'un air ahuri son jeune parent.

– ... Il faudrait donc que j'apprenne à tout le monde... et à Matty... Oh ! jamais elle ne supportera cela !

– Il ne s'agit pas de savoir si Matty sera fâchée ou non, mais bien d'accomplir votre devoir envers votre fille aînée. C'est de stricte justice. Pour vous épargner des explications ennuyeuses, à cause du silence gardé si longtemps, je me charge de répandre la nouvelle de ce premier mariage. Quant à Matty, vous lui apprendrez la chose par lettre, ce sera plus facile, et sa première colère se passera là-bas.

En revenant, elle boudera probablement, puis finira par se calmer.

Gilles connaissait bien la faible nature de son cousin, qu'une volonté énergique subjuguait facilement. De plus, il s'était aussitôt douté, à la façon dont M. de Combayre avait accueilli ses premiers mots au sujet de Pasca, que le remords avait préparé les voies dans cette âme. Aussi, avec la décision qui faisait le fond de sa nature, le jeune homme s'était-il résolu à pousser le baron dans ses derniers retranchements, car il sentait que la victoire serait facile et qu'elle était déjà toute proche.

M. de Combayre objecta encore :

– Mais d'après ce que vous dites, elle m'en veut. Elle refusera donc de m'entendre...

– Non, si vous savez vous y prendre. Pasca est une fervente chrétienne et une âme admirablement charitable. Si vous lui prouvez qu'elle peut vous faire du bien et que son devoir est de venir près de vous, malgré tous vos torts, si, surtout, vous vous montrez prêt à lui donner votre affection, – et ce sera bien facile, car elle est si charmante ! – elle vous suivra, j'en suis certain.

Une lutte se livrait dans l'âme de François de Combayre, et Gilles en suivait toutes les phases sur ce visage creusé par la maladie lente, dans ces yeux bleus au regard hésitant et fatigué.

– Non, Gilles, c'est vraiment trop dur, murmura-t-il.

– C'est de la stricte justice, je le répète. Ne le reconnaissez-vous pas vous-même ?

– Si... et je n'ai pas à vous cacher que cette pensée me tourmente parfois, depuis quelque temps surtout.

– Eh bien ! voilà le moyen de retrouver la paix.

Une soudaine résolution brilla dans le regard du baron.

– Soit ! je le ferai. J'écrirai à cette enfant de venir...

– Et elle ne viendra pas. Ce n'est pas par lettre que vous pouvez vous expliquer avec elle. Il faut que vous la voyiez et qu'elle vous voie. De cette rencontre, quelque chose peut jaillir qui vous rapprochera. Autrement, je vous aurais proposé de me rendre moi-même à Menafi et de parler à Pasca. Mais, telle que je la connais, je la convaincrai difficilement. Il faut que ce soit vous et que vous sachiez l'émouvoir par un repentir sincère.

M. de Combayre laissa retomber sa tête sur sa poitrine en murmurant :

– Si vous croyez cela indispensable, j'irai... Mais je suis très fatigué... et, là-bas, tous les souvenirs vont revenir en foule...

– Tant mieux ! Si Pasca voit que vous souffrez réellement et que votre émotion est sincère, vous aurez vaincu.

– Elle est très belle, m'a dit Matty. Ressemble-t-elle à sa mère ?

– Je n'ai vu de cette dernière qu'une photographie assez mauvaise, mais cependant il me semble, en effet, que Pasca tient surtout du côté maternel. En tout cas, elle est merveilleusement belle et possède les plus exquises qualités.

– Angiolina était ainsi ! murmura M. de Combayre.

Il s'absorba dans une songerie que Gilles respecta d'autant plus qu'elle servait encore la cause dont il s'était fait le défenseur. Évidemment, François de Combayre se reportait aux années écoulées ; il revoyait la jeune femme qu'il avait aimée et si cruellement délaissée. Ces souvenirs ne pouvaient que lui amollir le cœur et fortifier ses remords, en même temps que l'exciter à réparer.

Le baron releva tout à coup la tête et regarda Gilles, qui avait allumé une cigarette et paraissait absorbé dans la contemplation de la mince spirale de fumée bleuâtre.

– Si cette enfant est aussi charmante que vous le dites, je la marierai vite, surtout avec la dot que je lui donnerai. Ainsi éviterai-je toutes les complications qui ne manqueraient pas de surgir avec Matty, si gâtée.

Le visage de Gilles eut une légère contraction.

– Il existera un obstacle à ce petit arrangement. Pasca est absolument résolue à ne pas se marier.

– Que me racontez-vous là, mon cher ?

– Ce qu'elle m'a fait comprendre elle-même.

– Mais... est-ce que... vous lui avez... ?

Gilles fronça les sourcils.

– Qu'allez-vous imaginer là ? Non, certes, je n'ai jamais songé à demander sa main. Vous savez que, moi aussi, je suis un irréductible célibataire. C'est même pour cela que nous nous entendons si bien, Pasca et moi... Mais je sais qu'elle a refusé plusieurs prétendants, je sais qu'elle est décidée à agir toujours ainsi et j'en connais la raison. Elle se sent incapable d'aimer, car, pour elle, l'amour ne va pas sans la confiance, et elle ne pourra jamais accorder celle-ci tout entière... parce qu'elle pensera toujours au malheur de sa mère.

M. de Combayre pâlit et détourna les yeux.

– Cela passera, j'imagine... Et réellement, un bon mariage serait la meilleure solution pour elle, car je ne sais trop la vie que Matty lui fera.

Une lueur brilla dans les yeux de M. de Cesbres.

– Qu'elle s'avise donc de la tourmenter ! dit-il d'un ton de sourde menace. Plutôt que de voir cela, j'aimerais mieux...

Il s'interrompit et, se penchant vers le cendrier, jeta sa cigarette d'un geste brusque. Était-il fou ? Épouser Pasca parce qu'elle serait malheureuse chez son père ! Non, décidément, son cœur devenait d'une faiblesse dangereuse.

Il se leva en demandant :

– Quand partirez-vous, mon cousin ?

– Mais... le plus tôt possible. Du moment où il faut le faire ! dit M. de Combayre avec un soupir.

– C'est raisonnable. Songez d'ailleurs que la pauvre enfant est seule, très triste et très préoccupée. C'est le bon moment, de toute façon.

– Je partirai demain soir... Je vous remercie, Gilles, d'être venu m'apprendre le malheur qui la frappe et de m'avoir montré mon devoir.

Tandis que son coupé le ramenait vers son logis, M. de Cesbres songea :

« Ai-je agi vraiment pour le bien de Pasca ? Sera-t-elle heureuse chez son père, quand cette petite peste de Matty sera là ? Certainement, elle aura toutes les jouissances que procure la fortune, mais, avec sa nature, ces sortes de choses ne comptent guère et ne compenseraient pas les blessures morales et les tracas qui pourraient lui être faits. Peut-être aurait-il mieux valu laisser la situation telle quelle... Et, pour moi-même, cette solution était préférable. Ici, je serai obligé de la voir quelquefois... Oh ! pas très souvent ! Mais enfin, je me méfie de cette petite ensorceleuse. Avec cela, notre charmante correspondance sera finie. Positivement, j'ai agi d'une manière stupide ! J'en suis réduit maintenant à souhaiter l'échec de mon oncle François ! »

Chapitre 8

La petite maison de Menafi était sur le point d'être louée. Des commerçants de Florence, désireux d'avoir un lieu de villégiature en un endroit tranquille et assez rapproché de la ville, l'avaient visitée la veille et presque arrêtée, en se réservant encore deux jours de réflexion.

Aussi, aujourd'hui, Pasca, après avoir prié pour demander du courage, s'était-elle mise à une besogne qu'elle retardait toujours. Il s'agissait d'examiner tous les papiers contenus dans le secrétaire de l'aïeul défunt et de brûler ceux qui n'avaient pas d'utilité.

Tandis qu'elle s'acquittait de cette tâche, les larmes glissaient sur ses joues pâlies. Pauvre cher grand-père, qui aimait tant toutes ces paperasses, qui prenait tant de plaisir à les compulser sans cesse, par une petite manie de vieillard ! Tout cela n'avait aucune valeur, mais en acquérait une bien grande aux yeux de Pasca par le fait du prix qu'y avait attaché son aïeul.

Dans un petit tiroir, elle trouva une photographie jaunie, représentant son père et sa mère tendrement appuyés l'un contre l'autre dans le jardin. C'était la première fois qu'elle voyait un portrait de M. de Combayre, Paolo Neraldi ayant brûlé ceux que sa fille avait conservés jusqu'à sa mort. Celui-ci seul avait subsisté, sans doute parce que le pauvre père n'avait pas eu le courage de détruire, en même temps, les traits chéris d'Angiolina.

Le premier mouvement de Pasca fut de détourner ses yeux du visage paternel. Mais, aussitôt, une rougeur de confusion et de repentir lui monta au front. Eh ! quoi, malgré tous ses efforts, elle n'avait pas eu encore raison de ce ressentiment qu'avait amené naguère, dans sa jeune âme ardente et très droite, la révélation des torts de son père envers sa mère et elle-même, et que les conseils de son directeur spirituel, de ferventes prières et l'action apaisaient sans pouvoir le faire disparaître entièrement, ainsi qu'elle venait d'en avoir la preuve. Ah ! quelle pauvre chrétienne elle était donc encore !

Alors elle se força à regarder la photographie... Et, en considérant le fin visage souriant de François de Combayre, son regard aimable et doux, mais irrésolu et sans profondeur, elle songea :

« Il me semble qu'à la place de ma mère, j'aurais deviné ce qu'il était réellement. » Pourquoi, à cet instant, l'image de Gilles s'imposa-t-elle tout à coup dans son esprit ? Pourquoi, mentalement, se mit-elle à comparer ces deux hommes ?...

Certes, au premier abord, la physionomie de François de Combayre, telle que la voyait Pasca, était moins inquiétante que celle de son jeune parent, si énigmatique, si déconcertante, avec le caressant sarcasme de son regard et l'ironie de son sourire. Mais Gilles s'était fait connaître à Pasca, et elle croyait maintenant qu'il était capable de sincérité et même de bonté. Elle avait lu dans ses yeux, d'où il bannissait devant elle l'habituelle raillerie, plus de sérieux que n'auraient pu en faire supposer les apparences et le réel désir de transformer quelque peu son état d'âme. De plus, elle avait compris qu'il était un caractère, et que, du jour où il voudrait bien se mettre tout entier dans la bonne voie, il irait jusqu'au bout, sans souci de l'opinion du monde.

Les yeux de Pasca se reportèrent sur une lettre posée près d'elle sur la tablette du secrétaire, près d'une pile d'autres missives conservées par son grand-père. M. de Cesbres l'avait écrite au signore Neraldi, quelques jours après son départ de Menafi. Elle était charmante, cette lettre, étincelante d'esprit et laissant voir la sympathie que l'aïeul et sa petite-fille avaient inspirée à Gilles de Cesbres. À la fin, un mot délicatement affectueux était dit pour Pasca, avec l'assurance d'un souvenir fidèle.

Et, jusqu'ici, il ne l'avait pas oubliée, en effet. Elle en avait la preuve dans ces lettres qu'elle conservait en un coin de son armoire et qu'elle relisait parfois. Le style en était si délicieux !... Et, de plus, elle éprouvait une grande douceur de ces preuves d'amitié discrète que lui donnait son cousin de France.

Mais combien durerait cela ? Tout passe, tout s'atténue, et trop souvent l'amitié elle-même. Dieu seul reste l'ami immuablement fidèle, et Pasca, dans la détresse de sa douleur filiale, s'était appuyée sur lui seul.

Cependant, le jour des funérailles, en sortant du cimetière où elle laissait la dépouille mortelle de l'aïeul si cher, elle avait eu un serrement de cœur plus douloureux en se voyant seule, sans un parent près d'elle, l'unique cousine du signore Neraldi étant morte le mois précédent... Et ce n'était pas la pensée de son père qui s'était présentée alors à son esprit, mais seulement celle de Gilles, dont la sympathie lui eût été en cet instant plus douce que jamais. Elle avait regretté alors de ne pas lui avoir télégraphié aussitôt le décès. Qui sait ? Peut-être se serait-il dérangé pour assister aux funérailles de celui qu'il appelait si aimablement dans ses lettres « mon vieil ami ! ».

À la réflexion, Pasca s'était dit qu'elle avait bien fait. La légère consolation que lui aurait apportée la présence de Gilles ne pouvait être que très éphémère et n'aurait servi sans doute qu'à lui faire plus cruellement sentir ensuite sa solitude.

Mais elle attendait une lettre de lui. Tout à l'heure, le facteur allait passer, et elle espérait voir l'enveloppe ivoire sur laquelle ressortait si bien la grande écriture de Gilles...

Un coup de sonnette vint interrompre les réflexions de Pasca – un coup léger, comme hésitant.

La jeune fille songea : « C'est peut-être le facteur », et bien vite elle descendit.

Non, ce n'était pas le facteur. Devant Pasca apparaissait un homme d'une cinquantaine d'années, de mine distinguée, vêtu d'une riche pelisse. Il était très pâle, et quand il vit devant lui la jeune fille, au seuil de la porte ouverte, une expression presque hagarde passa dans ses yeux fatigués.

– Angiolina ! balbutia-t-il.

Pasca eut un brusque sursaut et, instinctivement, elle recula...

En cet homme aux épaules un peu courbées, aux cheveux grisonnants, au visage semé de fines rides et creusé par une maladie lente, elle reconnaissait pourtant – son exclamation aidant – le gracieux cavalier blond dont elle venait de contempler l'image, près de celle de sa mère.

Pendant quelques secondes, ils se regardèrent. M. de Combayre frissonnait des pieds à la tête. Pasca, raidie par la stupéfaction, se demandait si elle rêvait...

– Je voudrais vous parler, ma fille ! dit enfin la voix tremblante du baron.

Elle reprit alors instantanément possession d'elle-même. Sa belle tête se redressa fièrement, tandis qu'elle répliquait, en faisant quelques pas vers la porte de la salle :

– Veuillez entrer ici, monsieur.

Mais sous ce calme affecté, quels sentiments violents s'agitaient devant cette soudaine apparition ! Quels mots durs, quel refus impitoyable avaient été tout prêts à jaillir de ses lèvres ! Jamais encore, mieux qu'en cette minute, Pasca n'avait compris combien l'influence religieuse était puissante sur son âme, puisqu'elle seule avait pu l'empêcher de répondre à son père :

– Je ne vous connais pas.

Une pâleur plus intense se répandit sur le front de François de Combayre à la vue de la petite salle toute pareille à autrefois. À cette table, ils dînaient tous trois. Près de cette fenêtre, Angiolina et lui, fiancés, puis jeunes mariés, avaient causé bien souvent. Dans ce grand vase, elle mettait les gerbes de fleurs rares qu'il faisait venir pour elle de Florence.

Tout ici, criait le souvenir de l'épouse délaissée. Et, plus que tout encore, cette jeune fille qui était devant lui, si semblable à Angiolina qu'à sa vue c'était le nom de la morte qui avait jailli de ses lèvres.

Elle demeurait silencieuse, serrant un peu les lèvres, comme pour comprimer des mots qui auraient voulu sortir malgré elle, et baissant les paupières, comme pour voiler la lutte qui se livrait en elle, entre le ressentiment, la sourde indignation et le respect qu'elle devait quand même à cet homme qui était son père.

Il détourna les yeux qu'il avait un instant attachés sur elle et dit d'une voix faible :

– J'ai appris la mort de votre grand-père, Pasca. J'ai su que vous étiez seule...

– En effet. C'est M. de Cesbres, sans doute, qui vous en a instruit, malgré sa promesse de ne jamais vous parler de moi ?

Il tressaillit un peu au son de cette voix brève et froide et, de nouveau, la regarda.

– Pourquoi ne vouliez-vous pas qu'il m'en parlât, Pasca ? C'est lui qui m'a montré mon devoir, c'est grâce à lui que je suis ici.

– Voilà vingt et un ans que vous m'oubliez. Pourquoi donc vous plaît-il aujourd'hui, monsieur, de vous souvenir que vous avez une fille aînée ?

Un peu de rougeur monta au teint blême de M. de Combayre.

– Pasca, je sais que j'ai été un père coupable.

Elle murmura :

– Si ce n'avait été encore qu'un père !

Une crispation passa sur les traits fatigués de François de Combayre. Il dit d'une voix étouffée :

– Envers votre mère aussi, la pauvre Angiolina, j'ai agi comme un misérable. Vous le voyez, je reconnais tous mes torts, et cela devant vous, ma fille. Je n'ai pas à vous cacher que le remords me poursuivait depuis quelque temps. C'est Gilles qui est venu me mettre sur la voie de la réparation. À vous de voir si vous voulez pardonner à votre père, Pasca.

L'âme généreuse et si profondément chrétienne de Pasca tressaillit devant l'humiliation de cet homme aux cheveux gris, de cet époux et de ce père, coupable, il est vrai, mais qui ne cherchait pas à s'excuser, qui avouait sincèrement ses torts devant son enfant.

– Grand-père m'a dit que ma pauvre maman vous avait pardonné à son lit de mort et qu'elle avait recommandé que je prie pour vous. Cette prière, je n'ai pas manqué de la faire chaque jour. À son exemple, aussi, j'ai pardonné l'oubli dans lequel vous m'avez laissée. Mais je dois être franche, mon père : ce pardon était dur pour moi, qui ne suis qu'une âme très imparfaite, et, parfois, le ressentiment essayait encore de se glisser en mon cœur.

– Mais maintenant, Pasca ?

– Maintenant, mon père, je n'oublierai jamais la démarche que vous avez faite aujourd'hui et le souvenir que je garderai de vous sera sans amertume.

– Je ne puis demander davantage pour le moment. Il faut que ce soit moi qui vous fasse oublier le passé par mon affection...

Il lui tendit ses deux mains, dans lesquelles, sans hésitation, elle mit les siennes.

– ... Car, mon enfant, je vous emmène chez moi où se trouve votre place, désormais...

Elle eut un brusque mouvement.

– Cela, non, mon père. Je tiens à conserver mon entière indépendance et à gagner ma vie !

– Ce serait ridicule ! Que vous le vouliez ou non, une part de ma fortune vous reviendra après ma mort, légalement. Il est donc tout naturel que vous en usiez dès maintenant, comme le fait Matty.

Le front de Pasca eut à ce nom une légère contraction.

– Ma situation n'est pas la même que celle de votre seconde fille, qui est riche par sa mère.

– Raison de plus pour que je vous avantage ! D'ailleurs, j'ai à réparer les années où je vous ai laissée à la charge de votre grand-père, où vous avez connu une existence gênée, presque pauvre, peut-être...

– Je n'en ai pas souffert. Jamais je n'ai désiré la fortune, sinon pour faire du bien autour de moi. D'ailleurs, je vous le dis de nouveau, mon père, étant jeune et de bonne santé, je préfère conserver toute mon indépendance, même au prix d'un travail assidu. Il ne me conviendra nullement de vous devoir tout.

– Mais vous êtes ma fille et un enfant peut tout recevoir de son père sans que sa fierté s'en trouve blessée.

– N'insistez pas, mon père. Je suis absolument résolue sur ce sujet.

– Mais alors... vous ne voulez pas me suivre ?

Une émotion anxieuse, très sincère, se lisait sur la physionomie de M. de Combayre. Depuis qu'il était entré dans cette maison, depuis qu'il se trouvait en face de cette jeune fille, son enfant, image de la morte, le repentir avait pris entière possession de son âme, en chassant les dernières hésitations d'amour-propre. Puis, déjà, le charme qui émanait de Pasca agissait sur lui. Il comprenait que celle-là n'avait pas la nature d'une Matty et que son affection filiale serait précieuse et immuable, si elle voulait bien l'accorder au père repentant.

Enfin, un autre sentiment poussait encore M. de Combayre à désirer maintenant que sa fille aînée vînt habiter sous son toit. Sa vanité, très grande, ne pourrait que se trouver flattée par l'effet que produirait la beauté de Pasca – cette beauté qu'après le premier moment il jugeait supérieure à celle de sa mère et quelque peu différente, car Angiolina n'avait jamais possédé cette aristocratique distinction, cette aisance de manières qui l'avaient vite frappé chez Pasca, non plus que cette profondeur et cette intelligence du regard qui existaient chez la jeune fille. À sa connaissance, aucune femme dans Paris ne pouvait rivaliser avec elle, et il était bien certain que les prétendants ne manqueraient pas, surtout avec la jolie dot qui serait la sienne. En dépit de son humble origine maternelle, il se faisait fort de la marier brillamment.

Mais, à la question de son père, elle répondit avec vivacité :

– Vous suivre ! Et qu'irais-je donc faire chez vous ? Vous avez là-bas votre autre fille, que vous aimez...

– Ah ! Pasca, vous touchez là la plaie vive ! Oui, je l'aime, ma petite Matty, pauvre enfant que je n'ai pas su élever ! Mais elle est si... si indifférente !

Et, dans les yeux du père, une larme brilla.

– Elle est partie l'autre jour pour New York, je ne sais quand je la reverrai... Et c'est souvent ainsi. Que voulez-vous, on n'a jamais songé à lui apprendre qu'elle avait des devoirs à remplir et que la vie est autre chose qu'un tissu de caprices et de plaisirs. Aussi, je suis souvent seul, et malade avec cela...

– Vous êtes malade, mon père ?

Le cœur charitable de Pasca, déjà ému par la souffrance sincère qu'elle lisait sur la physionomie de son père, tressaillait de compassion. Jusque-là, dans l'émoi de cette apparition inattendue et de ce premier échange de paroles, elle n'avait pas remarqué, comme elle le faisait en cet instant, l'altération de ce visage précocement vieilli.

– Oui, très malade, Pasca... Merci, mon enfant, ajouta-t-il en voyant la jeune fille lui avancer le vieux fauteuil de Paolo. Voyez-vous, dans mon émotion, je ne songeais guère à m'asseoir !

– Et moi à vous l'offrir. Pardonnez-moi, mon père !

Il s'assit et prit entre ses doigts amaigris une des mains de la jeune fille.

– Tu as les jolies mains de ta mère, dit-il en employant pour la première fois ce tutoiement. Tu lui ressembles. Et Gilles m'a dit que tu étais bonne comme elle.

– Je le voudrais bien, mon père, mais je crains d'être encore parfois très mauvaise !

– Par exemple, quand tu refuses de venir avec moi... Et cependant, si tu savais quelle consolation tu serais pour moi ! Seul, malade et triste, je passe des journées si pénibles ! Je ne prétendrais pas, certes, faire de toi une garde-malade, – je n'en ai pas besoin, du reste, – mais tu serais comme un rayon de soleil dans ma pauvre existence, tu essaierais d'aimer un peu ce père qui t'aime déjà, lui, rien que pour t'avoir vue et pour avoir lu la bonté dans tes yeux.

Aucune parole n'était plus capable que celle-là d'ébranler la résolution de Pasca. Sur son expressif visage, François de Combayre pouvait lire l'hésitation qui surgissait déjà en elle. Il comprit qu'un dernier assaut ferait capituler la place.

– Gilles m'a dit aussi que tu étais très pieuse – comme « elle » encore. Moi, depuis longtemps, j'avais oublié les enseignements reçus dans mon enfance. Mais, depuis que je souffre et que je sais ma maladie incurable, les anciennes croyances reviennent. Seulement, je n'ai personne autour de moi qui me conseille et qui m'aide.

Pasca froissa machinalement ses mains l'une contre l'autre. L'horizon s'éclairait subitement devant elle. Son devoir était là, près de ce père isolé, malade, vieilli avant l'âge, que Dieu la chargeait sans doute de ramener à Lui.

C'était un sacrifice. Mais l'âme de Pasca était de celles que le sacrifice, après le premier instant d'effroi, transporte et raffermit.

– Puisque vous le souhaitez, mon père, je vous suivrai et je m'efforcerai, avec tous mes faibles moyens, d'adoucir votre solitude et vos souffrances, dit-elle gravement.

– Merci, mon enfant ! Comme tu es bonne et charmante ! Gilles n'avait pas exagéré, en me parlant de toi. Mais sais-tu qu'il faut que tu aies fait une bien forte impression sur lui pour qu'il se soit donné la peine de se déranger en ta faveur ? Et, réellement, il a plaidé ta cause avec chaleur ! Je ne reconnaissais plus mon indifférent cousin, se moquant de tout et de tous. Il était sérieux, très sérieux et convaincu !

Un peu de rose monta aux joues de Pasca.

– Il est très bon, dit-elle d'un ton ému.

Une surprise un peu railleuse s'exprima dans le regard de M. de Combayre.

– C'est la première fois que j'entends dire cela de lui. La bonté ne paraissait pas jusqu'ici une de ses qualités dominantes. Mais, après tout, qui sait ? Ce Gilles est une énigme !... Et il t'a fait la cour, mon enfant ?

Pasca devint pourpre et ses sourcils se rapprochèrent.

– Je ne le lui aurais pas permis ! dit-elle avec hauteur.

– Oh ! oh ! quelle fière jeune fille j'ai là ! Gilles a dû faire une très curieuse étude sur toi. J'imagine que c'est la première fois qu'on lui refuse un flirt, et le fait a dû sembler très intéressant à son esprit blasé. C'est pourquoi il a gardé un souvenir si particulier à sa cousine de Toscane.

– J'espère que ce n'est pas pour cela seulement, dit Pasca d'une voix un peu frémissante. Gilles ne m'a pas paru uniquement le dilettante que vous évoquez, mon père. J'ai compris qu'il valait mieux que les apparences, et j'ai confiance dans la sincérité de son amitié.

– Comment ! tu t'imaginerais le connaître, mon enfant ? C'est que tu es très forte, alors. Moi, depuis le temps que je le vois, je serais bien embarrassé de porter un jugement sur lui... Et alors, pour en revenir à notre sujet, quand partons-nous ?

Elle jeta autour d'elle un long regard. Quel crève-cœur de quitter cette chère maison ! Mais puisque le sacrifice devait être fait, mieux valait ne pas le retarder.

– Quand vous voudrez, mon père.

– Peux-tu être prête dans deux jours ?

– Je le pense, car j'avais déjà préparé bien des choses en vue d'une très prochaine location.

– Mais maintenant tu n'auras plus besoin de louer cette maison ! Cela te faisait de la peine, n'est-ce pas, mon enfant ?

Les yeux de Pasca se remplirent de larmes.

– Oh ! oui, tant de peine ! Tous mes souvenirs sont ici.

– Eh bien ! tu la garderas et tu viendras la revoir de temps en temps, quand tu voudras.

– Je vous remercie, mon père ! dit-elle avec émotion.

Il l'enveloppa d'un long regard et demanda d'une voix basse, un peu suppliante :

– Veux-tu embrasser ton père, Pasca, pour lui montrer que tu lui as pardonné ?

Elle se pencha et posa ses lèvres sur le front où les rides s'entrelaçaient.

– Pour ma pauvre maman et pour moi, murmura-t-elle.

Une larme jaillie des yeux de M. de Combayre glissa lentement hors de la paupière jusque sur la joue d'une pâleur cendrée.

– Merci, enfant. Tu es une sainte, comme « elle ».

Ce même soir, le facteur apporta à Pasca une lettre de Gilles.

« Tout d'abord, je veux vous dire la part que je prends à votre chagrin, ma pauvre petite cousine, écrivait M. de Cesbres. J'avais pu apprécier suffisamment la droiture et la bonté de votre cher grand-père, ainsi que l'affection dont il vous entourait, pour comprendre le vide que vous laisse cette tendresse disparue. Mais surtout, je ne puis penser sans un serrement de cœur à votre isolement, en ces jours de deuil. J'aurais voulu qu'un lien de parenté plus proche me donnât le droit d'accourir près de vous et de vous offrir la consolation – bien légère sans doute – de ma sympathie si sincère et de mon affectueuse amitié.

« Maintenant, Pasca, je viens solliciter mon pardon. Je pense que votre père est en ce moment près de vous, et que votre exquise charité a déjà prononcé le mot qui, effaçant le passé, va permettre à François de Combayre de réparer ses torts envers vous. Mais que dites-vous de moi, qui ai manqué à mes promesses en me faisant l'artisan de ce rapprochement ?

« Si vous aviez été à ma place, chère Pasca, comment auriez-vous agi ? Comme moi peut-être, dites ? Une chrétienne, telle que vous surtout, aurait trouvé de son devoir d'aider à une réconciliation de ce genre, de dissiper les dernières hésitations d'une pauvre âme chancelante, qu'agitait le remords. Ce n'était donc pas trop mal pour un mécréant de mon espèce, n'est-il pas vrai ?

« Dites-moi vite que vous ne m'en voulez pas, je vous en prie. Dites-moi aussi que vous consentez à suivre votre père, et que je vous verrai bientôt dans notre Paris, si gris en ce moment, où vous apporterez, pour moi du moins, un peu de votre soleil de Toscane et du parfum de vos roses de Menafi,

« Je baise votre petite main, chère Pasca, en lui demandant de tracer pour moi un mot de pardon.

« G. de Cesbres. »

Quelques instants plus tard, Pasca écrivait :

« Non seulement je vous pardonne, Gilles, mais je vous remercie. Vous avez été l'instrument dont Dieu s'est servi pour me montrer la tâche qui m'attendait près de mon père. Si je l'avais vu heureux, je serais restée à l'écart ; mais il souffre, et j'ai compris que je pourrais lui faire un peu de bien. C'est pourquoi, après-demain, il ne partira pas seul de Menafi.

« Mon pauvre cœur gémit de quitter le pays natal, et surtout la chère maison. Une angoisse l'étreint aussi à la perspective de l'existence nouvelle qui s'ouvre devant moi. Une pensée m'inquiète surtout : que sera Matty à mon égard ? J'ai confié tout à l'heure cette crainte à mon père. Il m'a répondu : – mais pourquoi son accent m'a-t-il semblé gêné ? – « C'est une enfant gâtée, pour laquelle il te faudra de la patience, mais elle n'est pas mauvaise, au fond, je t'assure, et tu sauras bien te faire aimer d'elle. »

« Je n'en suis pas si sûre que cela ! Déjà, ici, elle paraissait avoir une profonde antipathie pour moi. Ce sera peut-être l'épine, qu'en dites-vous, mon cousin ?

« Enfin, Dieu me soutiendra et m'assistera ! Déjà, j'aurai en votre personne une figure connue, dans ce grand Paris qui m'effraye un peu. Vous ne sauriez croire combien cette idée est douce à la pauvre transplantée que je vais être !

« Merci de votre souvenir pour mon cher grand-père et de cette sympathie dont je sens mieux le prix en ces heures douloureuses. Moi aussi, Gilles, j'ai regretté un instant que vous ne fussiez pas mon frère, lorsque, en sortant de la si triste cérémonie, je me suis vue toute seule, parmi des étrangers.

« Mais ne me plaignez pas trop, car, plus heureuse que tant d'autres pauvres âmes, j'ai toujours Dieu avec moi. Je souhaite que vous connaissiez un jour cette consolation, mon cousin et mon ami !

« Au revoir, et à bientôt, n'est-ce pas ?

« Votre dévouée cousine,

« Pasca. »

Chapitre 9

Le souhait fait par Gilles en sortant de chez son cousin de Combayre n'était peut-être pas très sincère, car, en lisant la lettre de Pasca, il murmura d'un ton joyeux :

– Ah ! il a réussi ! Tant mieux pour elle, la pauvre enfant !

Puis, levant les épaules, il ajouta avec impatience :

– Mais tant pis pour moi, si je ne sais pas me montrer prudent.

Il reprit machinalement la lettre de Pasca et la relut.

– Il serait pourtant bien que je me trouve à la gare à son arrivée ; la pauvre petite aura du plaisir à voir un visage connu, à m'entendre lui souhaiter la bienvenue...

Il lança brusquement la lettre sur son bureau en laissant échapper un rire sardonique.

– Avoue que tu as hâte de la revoir ! Triple fou ! Du reste, je dîne après-demain chez Breuze. Je ne vais pas manquer un fin souper et une réunion de lettrés pour le plaisir de voir un peu plus tôt les yeux noirs de cette petite cousine italienne.

Mais, le lendemain matin, comme son coupé passait devant l'hôtel de Combayre, il fit arrêter pour savoir si son cousin avait annoncé son arrivée. On lui répondit qu'un télégramme de M. le baron donnait l'ordre d'envoyer sa voiture au train du soir arrivant d'Italie.

– Je reviendrai un de ces jours pour la voir, pensa Gilles.

Il fut, tout l'après-midi, nerveux et distrait. Vers cinq heures, il commença de regarder constamment la pendule en pensant que Pasca approchait de Paris...

– Si je n'avais pas eu ce dîner, je me serais trouvé quand même à la gare. Pour cinq minutes d'entrevue... Et Pasca aurait peut-être été contente.

Comme sonnait la demie de six heures, il eut un geste résolu.

– Non, décidément, je ne peux pas la laisser arriver comme cela ! Tant pis pour Breuze !

Rapidement, il rédigea un mot d'excuse et sonna un domestique pour le faire porter chez le célèbre poète. À sept heures et demie, il s'en alla dîner au restaurant. À neuf heures, sa voiture l'emportait vers la gare de Lyon.

La première personne que vit Pasca en descendant du train, ce fut lui, qui s'élançait vers elle, les mains tendues. Elle était pâle, visiblement fatiguée, car elle avait eu beaucoup à faire pour arriver à partir si vite. Elle apparaissait singulièrement touchante ainsi, dans ses vêtements noirs, avec cet air de lassitude que Gilles ne lui avait jamais vu, et ce geste de ses mains étendues vers lui, tandis qu'elle disait d'un ton de triomphe ému :

– Je savais bien que vous seriez là ! Mon père ne voulait pas croire...

Derrière sa fille, M. de Combayre descendait. Son regard un peu ahuri s'attacha sur Gilles, qui s'inclinait pour mettre un baiser sur chacune des mains de la jeune fille et dont la voix, vibrante d'émotion, disait :

– J'avais hâte de vous revoir, Pasca ! Et je pensais que vous aimeriez aussi apercevoir, dès votre arrivée, le seul être que vous connaissiez dans notre Paris.

– Vous avez bien pensé, et je n'oublierai pas cette attention délicate.

– Êtes-vous très fatiguée, chère Pasca ?

– Suffisamment, mais mon père, surtout, est fort las.

– Las et content quand même, dit M. de Combayre en tendant la main à son jeune parent. Je vous remercie, Gilles, car c'est à vous que je dois de ramener cette enfant, qui s'est déjà montrée pour moi la plus dévouée des filles... Mais nous reparlerons de tout cela plus à loisir. Voulez-vous venir dîner demain avec nous, mon cher, si vous n'êtes pas retenu, ce qui serait miracle ?

– Je le suis, en effet, mais je m'excuserai – comme ce soir, où j'ai planté là le dîner Breuze.

M. de Combayre le regarda d'un air interloqué.

– Pour venir au-devant de nous ?

– Mais oui ! Pensez-vous donc que cela n'en vaille pas la peine ? dit Gilles avec un demi-sourire moqueur.

– Vous ne nous avez pas accoutumés, mon cher ami, à tant de... de...

– D'amabilité ?... d'empressement ?... d'abnégation ?... En effet, ce n'est pas dans mes habitudes. Mais une fois par hasard !... et en l'honneur de l'arrivée de Pasca !... Donnez-moi cela, Pasca...

Il prit les menus bagages de la jeune fille et tous trois se dirigèrent vers la sortie. Il aida sa cousine, dont la physionomie semblait toute rassérénée, à monter dans l'automobile de M. de Combayre, et lui serra la main avec un chaleureux « à demain ». Puis, à son tour, il gagna sa voiture, tandis que le baron, dont la physionomie exprimait toujours le plus profond étonnement, disait à sa fille :

– Tu avais raison, mon enfant, en pensant qu'il serait là. Les femmes ont souvent beaucoup de finesse pour discerner les amitiés sur lesquelles elles peuvent compter. Mais c'est une véritable victoire, sais-tu, ma fille, car Gilles est l'homme le plus égoïste qui existe !

Pasca murmura pensivement :

– L'est-il autant qu'il le paraît ?

Gilles ne cherchait plus maintenant à se faire d'illusions. Depuis le moment où, en voyant Pasca descendre du train, il avait senti une émotion, jamais éprouvée, l'étreindre et tout son cœur s'élancer vers elle, il avait compris qu'il l'aimait et que, s'il ne la fuyait, cet amour deviendrait tout-puissant sur lui.

La fuir ? Il n'en avait plus maintenant la pensée. Toutes ses idées d'indépendance égoïste s'étaient envolées sous la douce lumière des grands yeux veloutés. Pasca deviendrait la reine de son foyer, l'épouse tendrement aimée et respectée, la conseillère toujours écoutée.

Mais un obstacle s'élevait encore devant la réalisation de ce projet. Elle avait résolu de ne pas se marier. Serait-il assez heureux pour arriver à vaincre sa défiance et à obtenir que ce jeune cœur se confiât à lui, en l'aimant comme devait savoir aimer cette enfant à l'âme noble, fidèle et tendre ?

Et d'abord, ne l'aimait-elle pas déjà un peu ?

Il se faisait cette question en sortant de l'hôtel de Combayre, où il avait dîné avec le baron et sa fille. Il ne lui avait pas échappé, à son entrée dans le salon, que la pâleur dorée du teint de Pasca s'était avivée de rose, que les yeux noirs avaient rayonné, que la jeune fille était venue au-devant de lui avec élan, comme vers celui qui est impatiemment attendu. Mais ne fallait-il pas voir là seulement la joie de l'exilée qui, sur une terre inconnue, aperçoit un visage ami ?

Sous prétexte d'apporter à Pasca un livre dont il lui avait parlé, il revint quelques jours plus tard. On le convia à dîner pour le lendemain, et ce fut une habitude prise de le recevoir ainsi plusieurs fois par semaine. Il apportait chaque fois à sa cousine une gerbe de fleurs choisies par lui-même chez un fleuriste du boulevard.

– Cela vous rappellera les fleurs de votre pays, lui avait-il dit.

M. de Combayre, qui ne manquait pas de finesse, se gardait bien de faire remarquer à sa fille cet empressement, ces attentions délicates, dont Gilles n'était pas coutumier. Il se contentait de sourire malicieusement dans sa moustache en les entendant, tandis qu'il feignait de somnoler, causer tous deux dans un coin du salon – et causer de choses fort sérieuses. Il n'y avait pas à se méprendre à l'air de Gilles ; cette fois, il ne s'agissait pas d'un flirt. Sa figure grave, sans ironie, frappait M. de Combayre, non moins que la chaleur émue de son regard lorsqu'il se posait sur Pasca.

« Allons, je n'aurai pas besoin d'aller chercher bien loin pour la marier ! songeait-il avec un mélange de satisfaction et de regret. Elle sera heureuse avec Gilles, du moment où il l'aime assez pour lui sacrifier sa chère indépendance de célibataire égoïste. Mais elle me manquera, cette enfant ! »

De fait,. M. de Combayre avait déjà pu apprécier la douceur des soins délicats et du discret empressement de sa fille aînée. Souvent, avec un soupir, il reportait sa pensée au-delà de l'Atlantique, vers Matty, l'enfant adulée.

Matty n'avait pas répondu à la lettre de son père lui apprenant, avec mille circonlocutions, l'existence de sa sœur. Il aurait ignoré ce qu'elle devenait si des amis, revenant de New York, n'étaient venus lui apprendre qu'elle paraissait se porter bien, et qu'elle était continuellement en fêtes et réunions au cours desquelles son entrain était très remarqué.

– Elle me boude, avait dit mélancoliquement M. de Combayre à Pasca. C'est son habitude, lorsque quelque chose ne lui va pas. Mais, maintenant, j'attendrai avec plus de patience, puisque tu es là.

Si ce n'avait été la peine réelle causée à son père par l'absence de sa fille cadette, Pasca n'aurait demandé qu'à la voir s'éterniser. Ce n'était pas sans un sentiment d'appréhension qu'elle pensait au retour de cette Matty, dont elle croyait sentir encore sur elle le regard hostile.

Gilles, lui, se réjouissait franchement, en son for intérieur, que sa jeune cousine fût au loin. Matty lui aurait gâté ces délicieux entretiens dont il lui semblait que, chaque fois, il sortait un peu meilleur.

Maintenant, il n'essayait plus de résister. Il se laissait aller à la douceur de cet amour qui faisait réellement de lui un autre homme.

– Vous êtes capable de me convertir tout à fait, chère Pasca ! disait-il d'un ton mi-souriant, mi-sérieux, un jour où il lui avait lu le début de la pièce à laquelle il travaillait et avait reçu d'elle cette approbation : « Je ne trouve rien à redire, Gilles. C'est parfait comme idées et comme tout ! »

– Oh ! je le voudrais tant ! répondit-elle, l'enveloppant du rayonnement ému de son regard.

Il eut à ce moment la pensée de lui révéler le sentiment qui remplissait son cœur et de lui demander si elle voulait accepter de continuer cette œuvre de conversion dans l'intimité de la vie conjugale. Mais il fallait que Pasca le connût mieux, pour qu'elle acceptât de revenir sur sa résolution de célibat.

On commentait beaucoup, parmi les relations de M. de Cesbres, ses fréquentes visites chez son cousin, coïncidant avec un changement sérieux dans ses habitudes, sa manière d'être, son caractère même, beaucoup moins caustique et insouciant. Bien que le deuil de Pasca interdît à son père de la présenter cette année dans le monde, on n'avait pas été sans l'apercevoir, soit au passage de l'automobile, près de M. de Combayre, soit à Saint-Pierre de Chaillot, où le baron l'accompagnait chaque dimanche à la messe. Tout aussitôt, il avait paru indiscutable que Gilles de Cesbres était amoureux de cette cousine si merveilleusement belle.

Un soir, le jeune comte d'Arbelles, parent de M. de Cesbres, annonça en entrant dans les salons du cercle de la rue Royale :

– Vous savez, Cesbres est fiancé !

– Vous croyez ?

– J'ai croisé, cet après-midi, l'automobile de M. de Combayre, où Gilles se trouvait seul avec sa cousine. Et je vous assure qu'il avait l'air d'un homme heureux.

– Tiens ! ce cachottier ! Quand va-t-il nous apprendre la nouvelle ?

Or, ces fiançailles n'existaient que dans l'imagination de M. d'Arbelles. Gilles, il est vrai, avait bien accompagné sa cousine au musée du Luxembourg. M. de Combayre, quelques jours auparavant, s'était plaint devant lui de sa santé de plus en plus chancelante qui l'empêchait de conduire Pasca visiter les églises, les musées, les principaux monuments de Paris. Et il avait ajouté :

– Mais si vous aviez quelquefois un petit moment de libre, vous pourriez me remplacer, Gilles. Comme érudition, Pasca ne perdrait pas au change.

Gilles répondit avec empressement.

– Mais je serai à sa disposition quand il lui plaira !

Pasca, ignorant encore les habitudes françaises, n'avait osé rien dire, bien que cet arrangement lui parût peu correct. Quant à M. de Combayre, les allures très américaines de Matty lui avaient depuis longtemps fait oublier les coutumes de son pays.

Et Gilles, lui, était bien trop heureux de la perspective de ces après-midi passés près de celle qu'il aimait, pour s'aviser d'objecter qu'on pourrait s'étonner de ces promenades à deux.

Mais quelques jours plus tard, au cours d'une soirée, la princesse Aleskine, une grande dame russe très lettrée qui réunissait chez elle l'élite intellectuelle de Paris, lui dit à mi-voix, comme il s'inclinait devant elle pour lui baiser la main :

– Faut-il vous féliciter, homme mystérieux ?

– Et de quoi donc, madame ?

– C'est cela, feignez de ne rien savoir ! Vous seul peut-être ignorez que vous êtes fiancé, et à une merveille, paraît-il ?

Il allait riposter : « Fiancé, moi ! » Mais il comprit tout à coup ce qui avait motivé ce racontar, et il se contenta de répondre de son air le plus énigmatique :

– Je prétends, en effet, l'ignorer encore, madame.

– Vous êtes assez extraordinaire pour cela ! répliqua-t-elle d'un ton qui signifiait « Vous savez que j'en crois rien ! »

Cet incident éclairait Gilles sur l'impossibilité de retarder plus longtemps sa demande en mariage. Pasca, bien que sa parente, n'était pas comme Matty une cousine connue dès l'enfance ; de plus, lui-même, par son empressement inaccoutumé à se rendre chez son cousin de Combayre, par son assiduité près de la jeune fille, donnait toute vraisemblance à la nouvelle qui circulait.

Mais ce sceptique insouciant avait peur – peur d'entendre un refus sortir de la bouche de Pasca.

Car, quant à la nature des sentiments qu'il lui inspirait, elle demeurait un sphinx, cette Pasca aux yeux si limpides, cependant, qu'il pouvait tout y lire – tout, excepté ce qu'il tenait le plus à savoir.

Le lendemain de cette soirée, il devait aller chercher la jeune fille pour lui faire visiter Notre-Dame. Mais, en arrivant à l'hôtel de Combayre, il la trouva en robe d'intérieur, assise dans le petit jardin d'hiver qui continuait les deux salons.

– Je regrette que vous vous soyez dérangé, dit-elle en lui tendant la main. Mais je ne pouvais prévoir, il y a seulement une heure, que cette migraine deviendrait si intolérable qu'elle m'obligerait à demeurer au logis.

– Eh bien ! nous verrons Notre-Dame un autre jour, voilà tout ! Si ma présence ne vous fatigue pas, je vais rester un peu près de vous.

Chapitre 9

– Oui, restez, Gilles... Et lisez-moi des vers, voulez-vous ?

– Lesquels, Pasca ?

– Les vôtres d'abord. Vous en ferez encore, dites ? Il ne faut pas abandonner la poésie.

Il allait lui répondre : « La poésie pour moi, c'est vous. Demeurez dans ma vie comme l'inspiratrice et le guide bien-aimé... »

Mais M. de Combayre entra en ce moment, et l'aveu resta sur les lèvres de Gilles, frémissantes d'angoisse devant la sérénité du regard de Pasca.

– Voilà une petite fille qui s'avise d'être souffrante, dit le baron tout en serrant la main de M. de Cesbres. Elle reprenait pourtant bonne mine depuis quelque temps... Voyons, dis-moi franchement, Pasca, si ce n'est pas la petite contrariété de ce matin ?...

– Elle a peut-être simplement contribué à augmenter cette migraine à son début, mon père.

– Vous avez eu une contrariété ? demanda Gilles avec une vivacité pleine d'intérêt.

Elle inclina affirmativement la tête en regardant son père.

– Allons ! une autre fois, nous ne la recevrons pas, petite fille rigide, dit-il d'un ton d'affectueuse condescendance. Il s'agit de ma cousine de Lubrac, divorcée et récemment remariée comme vous savez, ajouta-t-il en s'adressant à Gilles. Elle était venue hier pendant que Pasca était sortie, et, comme elle avait témoigné le désir de connaître ma fille, je l'avais invitée à venir déjeuner avec nous ce matin. Mais voilà que Pasca s'est fâchée en apprenant cela... oui, elle s'est fâchée, Gilles, positivement, et m'a fait des reproches d'accueillir ainsi une personne dans cette situation !... Comme si, aujourd'hui, ce n'était pas chose admise !

Une sorte de pâleur s'étendait sur le visage de Gilles, dont les cils blonds, pendant quelques secondes, se mirent à battre fébrilement.

– Tout à fait admise, en effet, dit-il d'un ton bref, un peu dur. Vous ferez bien de laisser là votre intransigeance, Pasca, car vous vous heurterez plus d'une fois à des situations de ce genre, et alors, s'il faut que vous mettiez les gens en quarantaine !...

Elle leva vers lui un regard où une vive surprise se mélangeait de reproche.

– Comme vous dites cela ! Admettriez-vous le divorce, par hasard ?

Une contraction passa sur le visage de Gilles. Mais, avant qu'il eût pu répondre, M. de Combayre s'écria avec une vivacité qui surprit un peu sa fille :

– Il l'admet, comme tout le monde maintenant, parbleu ! C'est une coutume entrée dans les mœurs et l'ostracisme de quelques-uns ne pourra rien contre elle.

– Et pourquoi sont-ils quelques-uns ? dit-elle d'un ton vibrant d'indignation. Comment admettez-vous que, dans la France catholique, on adopte si facilement une institution qui est la violation flagrante de la loi divine ? N'est-ce pas parce que d'honnêtes gens – qui, peut-être, se disent et se croient chrétiens et, pour eux et les leurs, ne voudraient sans doute pas entendre parler de divorce – se laissent aller à l'excuser et à l'accepter chez autrui. Autrefois, les divorcés étaient mis en quarantaine, comme dit Gilles. Aussi regardait-on davantage à se mettre dans une telle situation.

M. de Cesbres dit brusquement :

– Quel avantage y trouvez-vous ? Ce n'était qu'une hypocrite façade, sous laquelle deux êtres s'abhorraient et souffraient – deux êtres dont le caractère ne pouvait s'accorder et que le divorce aurait libérés en leur donnant la possibilité de trouver ailleurs le bonheur.

– Avant le bonheur, – toujours bien problématique et en tout cas bien éphémère ici-bas, – il y a le devoir, du moins pour nous autres catholiques, car, si vous parlez des incroyants, de la nouvelle génération libre penseur, il est bien certain que ces pauvres âmes, privées d'enseignement religieux, courbées vers la terre, ne peuvent en effet admettre la loi de la souffrance, du martyre moral supporté coûte que coûte pour sauvegarder l'indissolubilité du lien conjugal.

– Mais, encore une fois, quel avantage trouvez-vous dans cette indissolubilité ? dit Gilles d'un ton de sourde impatience. Pourquoi deux êtres seraient-ils condamnés à rester ainsi liés toute leur vie, alors qu'ils se sont peut-être unis inconsidérément et ont compris bien vite qu'ils n'étaient pas faits l'un pour l'autre ?

– En dehors de la loi évangélique, qui doit cependant primer pour nous toute autre considération, ne comprenez-vous pas, Gilles, qu'il existe là un immense danger social ?

Voyez ce qu'était devenue la famille, par le divorce, au temps de la décadence romaine. C'est là encore où il conduit aujourd'hui la nation française. On brise le lien conjugal par caprice, pour un malentendu, pour des dissonances de caractères. Autrefois, après une bouderie plus ou moins longue, il y aurait eu grande chance pour que la réconciliation survînt et que la vie commune recommençât. Aujourd'hui, le divorce est là, on s'en saisit, quitte à être un peu plus malheureux dans l'essai d'une autre union. Le mariage est réduit, alors, à n'être plus qu'un contrat éphémère, partant sans dignité, et pour ainsi dire sans valeur. Et les enfants ? Quand il n'y aurait, Gilles, que la pensée de ces pauvres petites épaves, ballottées d'un foyer à l'autre, victimes de la famille disloquée, ne serait-ce pas assez pour nous faire haïr cette institution ?

M. de Cesbres eut un rire forcé.

– Voilà un plaidoyer, Pasca ! Qui vous a donné toutes ces idées ?

– Ceux qui m'ont enseigné ma religion. Voyez-vous, ces idées-là procurent plus de dignité à l'existence, et plus de paix à l'âme, que toutes les grandes théories d'émancipation dont on fait étalage de nos jours.

M. de Combayre objecta :

– Mais, mon enfant, tu ne te doutes pas des terribles souffrances de certaines existences. Pour celles-là, le divorce est une indispensable délivrance.

– Mon père, laissez-moi vous répondre simplement ceci : de tout temps, les souffrances de ce genre ont existé. Pourquoi donc, en nos jours où le divorce se présente, ainsi que vous le dites, comme un moyen de délivrance à portée de tous, voyons-nous une abondance de drames et de suicides aussi effrayante, telle qu'on n'en a pas connu dans les siècles précédents où l'indissolubilité du mariage était une loi non seulement divine, mais humaine ? Il semblerait, d'après vos théories, que l'harmonie dût régner aujourd'hui beaucoup plus largement dans les ménages ainsi renouvelés... Et l'expérience prouve qu'il n'en est rien, au contraire. C'est la vieille doctrine catholique qui a raison, c'est à elle encore qu'on reviendra un jour, proche déjà, où l'on recueillera tous les fruits de cette triste institution.

Gilles avait un peu détourné la tête et, d'un geste nerveux, tourmentait le feuillage d'un petit palmier posé près de lui.

M. de Combayre, se penchant, posa sa main sur le front brûlant de sa fille.

– Tu es un charmant avocat d'une cause qui, à la réflexion, est excellente, mais je suis sûr que tu as encore augmenté ta migraine.

– C'est vrai, mon père. Aussi vais-je vous demander à tous deux la permission de me retirer, dit-elle avec un faible sourire.

Gilles tourna les yeux vers elle.

– Oui, allez, chère Pasca, car vous semblez vraiment très fatiguée. Souffrez-vous beaucoup ?

Il s'était levé et penchait vers elle son visage, sur lequel se lisait un tendre intérêt.

– Beaucoup, oui ; mais ce sera passé demain, sans doute.

– J'espère en tout cas que rien ne vous empêchera de venir avec mon cousin déjeuner chez moi, comme vous me l'avez promis, et voir mes petites collections.

– Je l'espère aussi, Gilles, car j'en aurais beaucoup de regret.

Elle lui tendit la main et, en même temps, leva vers lui ses grands yeux, où flottait comme un reproche. Il murmura :

– Pourquoi me regardez-vous comme cela, Pasca ?

Elle dit d'une voix grave, qui tremblait légèrement :

– Vous m'avez fait de la peine. Je ne pensais pas que vous puissiez avoir ces idées sur le divorce.

Un imperceptible frémissement courut sur le visage de Gilles. Il se pencha et posa ses lèvres sur la main de sa cousine.

– Pardon, Pasca ! Désormais, vos idées seront les miennes, dit-il à mi-voix, d'un ton d'ardeur contenue.

La jeune fille s'éloigna et Gilles prit aussitôt congé de son cousin. Léon Body, qui le croisa sur le boulevard, lui trouva la mine fort sombre et en conclut que les fiançailles ne marchaient peut-être pas comme il l'entendait.

Chapitre 10

Chapitre 10

Pasca avait coutume, chaque matin, de se rendre à la messe à Saint-Pierre de Chaillot, très proche de l'hôtel de son père. Comme, le lendemain, sa migraine se trouvait complètement dissipée, elle se leva, s'habilla rapidement et s'en alla, vers neuf heures, à l'église.

Elle y demeurait généralement près d'une heure, car, nulle part ailleurs, elle ne se trouvait aussi bien que là, près de son Dieu. Puis elle avait tant à prier ! Son père et Gilles faisaient l'objet de ses plus ardentes supplications. Elle comprenait que, tout en se rapprochant du Dieu de leur enfance, ils avaient encore nombre de pas à faire pour acquérir la foi vive et agissante, pour se pénétrer de tous les enseignements évangéliques et en faire la règle de leur vie.

La veille, elle avait souffert en constatant leur si complète indulgence pour une violation de la loi divine. Il est vrai qu'elle ne pouvait s'en étonner beaucoup, car elle se rappelait avoir entendu un prêtre français, au cours d'une conversation avec le curé de Menafi, constater avec tristesse que certains catholiques, même pratiquants, se laissaient aller à cette indulgence. Or, M. de Combayre et Gilles, catholiques de nom, n'avaient été jusqu'ici que des indifférents, plus aptes par conséquent à se laisser influencer par l'ambiance délétère des théories contemporaines.

Néanmoins, si Pasca comprenait que la nature sans consistance, l'intelligence moyenne de son père y eussent cédé, elle ressentait une secrète et un peu pénible surprise de trouver chez Gilles cette faiblesse morale. Jusqu'ici, elle avait eu la joie de constater qu'il était beaucoup plus apte à apprécier le bien et le beau dans l'ordre moral que n'auraient pu le faire croire les apparences. Mais lui non plus ne comprenait pas la douloureuse grandeur du sacrifice silencieux, de la souffrance intime supportée par devoir, pour obéir au commandement évangélique et sauvegarder la dignité du foyer.

Il ne le comprenait pas... mais il y arriverait peut-être un jour. Ne lui avait-il pas dit :

« Vos idées seront désormais les miennes, Pasca. »

Cela ne signifiait-il pas qu'il reconnaissait, au fond, la justesse des idées de sa cousine et qu'il serait disposé à les adopter ?

– Éclairez-le, mon Dieu ! Éclairez-les tous les deux ! pria-t-elle avec toute la ferveur de son âme.

Vers la fin de la messe, elle ouvrit son livre pour y chercher, ainsi qu'elle le faisait chaque jour, une pensée qui reviendrait à son esprit dans le cours de la journée. Elle tomba sur ces paroles de l'Écriture :

« Ne t'effraie point et ne t'épouvante point, car l'Eternel, ton Dieu, est avec toi dans tout ce que tu entreprendras. »

Comme elle refermait le livre, une sensation bizarre l'étreignit au cœur, une angoisse mystérieuse, comme un avertissement de danger et de souffrance.

Et, aussitôt, sa nature énergique reprenant le dessus, elle se mit à prier avec sa confiance habituelle, s'abandonnant à Dieu, comme le lui recommandait la parole inspirée.

– Si un danger me menace, vous sauverez votre petite Pasca, mon Dieu ! dit-elle avec simplicité.

Elle sortit peu après de l'église, après une dernière prière pour l'âme du cher grand-père, que la très réelle affection de son père et son changement d'existence étaient incapables de lui faire oublier, pas plus que la luxueuse installation de la demeure paternelle ne l'empêchait de regretter la petite maison de Menafi.

Elle s'avançait, un peu distraite, lorsque, non loin d'elle, un cri retentit. Elle vit une femme qui roulait sous les sabots d'un cheval de fiacre et une enfant projetée un peu plus loin, sur la chaussée, précisément du côté où elle se trouvait.

Elle s'élança et la releva. C'était une petite fille de six ou sept ans, blonde et frêle, joliment vêtue. Elle était évanouie, mais il ne parut pas à Pasca qu'elle fût blessée.

– Elle n'a pas été touchée par le cheval, dit une des personnes qui étaient accourues et entouraient la voiture, près de laquelle arrivait en ce moment un agent de police. Sa bonne a eu le temps et la présence d'esprit de la repousser brusquement. Mais la pauvre fille est, je crois, bien mal en point.

Pasca, s'asseyant sur le trottoir, appuya la petite fille contre elle. Une vieille dame lui présenta un flacon de sels. Bientôt, les yeux de l'enfant s'ouvrirent, de très grands yeux effarés et un peu hagards.

– Jeanne ! murmura-t-elle en les détournant avec effroi de toutes ces figures étrangères.

– C'est votre bonne, ma mignonne ? interrogea doucement Pasca.

La petite fille inclina affirmativement la tête.

Chapitre 10

– Elle est un peu malade ; elle ne pourra peut-être pas vous reconduire. Mais vous allez nous dire où vous demeurez...

– Non... Jeanne... Je veux Jeanne !

De grosses larmes remplissaient les yeux de l'enfant, et Pasca sentit trembler convulsivement le frêle petit corps que ses bras soutenaient.

Un agent de police s'approcha à ce moment.

– L'enfant a-t-elle dit où elle demeurait ? interrogea-t-il.

– Non, pas encore... Dites-moi, ma chérie, où est votre maison ?

– Rue... de Chaillot... murmura la petite entre deux sanglots.

– Quel numéro ?

– Je ne sais pas !

– Cela n'a pas d'importance, elle reconnaîtra bien la maison, fit observer l'agent. Comment s'appellent vos parents, mademoiselle ?

– C'est maman toute seule... Elle s'appelle Mme Halner.

– Bien, je vais vous reconduire chez elle.

Mais l'enfant, en un mouvement de terreur, se blottit entre les bras de Pasca.

– Non !... Jeanne ! Jeanne !

– Elle va avoir une crise nerveuse ! dit Pasca, en considérant avec anxiété le pâle petit visage qui se crispait. Si j'essayais de la reconduire moi-même à sa mère, monsieur ?

– Mais si vous le voulez bien, madame, ce sera en effet le mieux ! Dans quelques instants, je me rendrai aussi chez cette dame, pour avoir le nom de cette pauvre fille et savoir s'il faut la faire transporter à l'hôpital.

– Est-elle grièvement blessée ? interrogea Pasca à voix basse.

– Non, il ne semble pas, du moins. Mais elle est sans connaissance, et on va la porter chez un pharmacien.

Pasca, posant son doux regard sur le visage effaré de la petite fille, demanda :

– Voulez-vous venir avec moi jusque chez votre maman, ma chère enfant ? Votre pauvre bonne a besoin d'être soignée, parce qu'elle s'est fait mal en tombant.

– Avec vous, oui, je veux bien, murmura l'enfant.

Pasca la mit debout et se leva à son tour. Toutes deux, suivies par des regards sympathiques et admiratifs, se dirigèrent vers la rue de Chaillot.

– Vous me montrerez bien votre maison, n'est-ce pas, ma mignonne ? dit Pasca à la petite fille.

– Oh ! ce n'est pas loin.

En effet, elles s'arrêtèrent bientôt devant une demeure d'assez belle apparence. Guidée par la petite étrangère, Pasca passa sous une voûte, traversa une cour et pénétra dans un corps de bâtiment plus modeste. Au sixième étage seulement, l'enfant s'arrêta.

– C'est là que nous demeurons, dit-elle en désignant une des deux portes ouvrant sur le palier.

Pasca sonna. Le battant s'entrouvrit bientôt, laissant apparaître une jeune femme vêtue d'une longue robe de flanelle blanche.

– Maman !... Oh ! la pauvre Jeanne !... Si vous saviez !

La porte s'ouvrait tout à fait et l'enfant se précipitait dans les bras de sa mère.

– Quoi donc ? Qu'est-il arrivé ?... s'écria la jeune femme avec effroi, en fixant sur Pasca des yeux bleus presque sans regard, tandis qu'un de ses bras serrait contre elle la petite fille.

– Votre pauvre servante vient d'être victime d'un accident, madame, répondit Pasca. Je me suis chargée de ramener votre petite fille, car elle s'effrayait de revenir en compagnie d'un agent de police.

– Mais elle... Kaja... elle n'a rien ?... Dis, tu n'as rien, mon petit trésor ?

Et ses mains palpaient l'enfant, caressaient doucement le pâle petit visage...

– Non, rien, maman. Mais comme je tremble, tu vois !

– Je vais te donner vite un calmant !... Oh ! madame, combien je vous remercie d'avoir accompagné ma petite Kaja ! Elle est si sauvage et si impressionnable ! Entrez donc, je vous en prie !

– Merci, madame, mais je ne voudrais pas me retarder... à moins que je ne puisse vous être de quelque utilité, si votre bonne...

– Oui, Jeanne était ma seule servante et je ne sais comment je vais faire... Je suis malade et presque aveugle... Entrez donc, madame !

Pasca la suivit dans l'étroit vestibule et, de là, dans un salon exigu, d'aspect élégant. L'étrangère étendit sur un canapé l'enfant, qui tremblait toujours, et entra dans une pièce voisine, tandis que Pasca s'asseyait près de la petite fille pour essayer de la calmer par d'encourageantes paroles.

Les grands yeux de Kaja ne quittaient pas le beau visage si doux, et quand la mère revint, cinq minutes plus tard, elle vit la tête blonde de sa fille appuyée avec abandon contre la poitrine de Pasca.

– Comment, ma petite sauvage est déjà apprivoisée ? dit-elle avec surprise. Elle n'est pas coutumière de ces sympathies subites. Mes pauvres yeux ne me permettent pas de bien distinguer votre visage, madame, mais je pense qu'il doit avoir quelque chose de bien particulier pour plaire ainsi subitement à Kaja.

– Oh ! maman, si tu voyais comme elle est belle ! dit l'enfant d'un ton d'admiration extatique. Elle a des yeux si noirs, qui sont comme du velours, et qu'on voudrait regarder toujours !

Pasca rougit un peu, tout en se mettant à rire.

– Allons, prenez vite ce calmant que votre maman vous a préparé, petite fille.

– C'est mauvais ! murmura Kaja avec une petite moue.

– Il faut le prendre tout de même, ma mignonne, dit tendrement la mère en s'agenouillant près du canapé pour se trouver à la hauteur de l'enfant. Bois vite, tu verras que tu ne trembleras plus tout à l'heure... C'est ce qu'on lui donne généralement dans ses crises nerveuses, ajouta-t-elle en s'adressant à Pasca.

– Elle y est sujette ?

– Oui, car elle est bien délicate et très impressionnable ! elles ne sont jamais très fortes, mais lui laissent ensuite un grand affaiblissement.

Pasca couvrit d'un regard de compassion la petite créature, bien frêle, en effet, et toute frémissante, qui s'appuyait entre ses bras. Elle était jolie, cette enfant, avec son fin visage au teint presque transparent, ses longs cheveux blond foncé, ses yeux très beaux, un peu souffrants et trop sérieux. Elle ne ressemblait pas à sa mère. Tandis que celle-ci regardait Kaja boire lentement son calmant, Pasca l'examinait discrètement. Elle était plutôt petite, d'une maigreur excessive que l'on devinait sous l'ampleur de la robe d'intérieur. Ses traits étaient fins, mais flétris comme ceux d'une personne malade. Son teint, qui avait dû être très délicat, gardait encore quelque fraîcheur. Les yeux, voilés par une presque cécité et profondément cernés de noir, étaient bleus, d'un bleu un peu pâle. À travers la masse des cheveux d'un blond de lin, Pasca discerna des mèches toutes blanches.

Cette femme avait souffert, moralement ou physiquement – les deux peut-être. Il était visible, d'ailleurs, qu'elle était malade, ainsi qu'elle l'avait dit elle-même tout à l'heure.

– Là, maintenant tu vas te reposer, mon amour, dit-elle quand Kaja eut achevé de boire.

– Et moi je vais me retirer, ajouta Pasca en se levant après avoir doucement posé la tête blonde sur les coussins du canapé.

– Mais vous reviendrez ? demanda Kaja d'un ton de prière.

Pasca hésita. Elle ne savait, après tout, qui étaient ces étrangères.

– Oh ! vous reviendrez, dites ?

Les yeux bruns la regardaient avec une telle supplication qu'elle ne se sentit pas le courage de refuser.

– Oui, je reviendrai demain savoir de vos nouvelles, mon enfant, répondit-elle en mettant un baiser sur le petit front pâle.

– Oh ! merci, madame !

– C'est mademoiselle qu'il faut dire, répliqua Pasca en souriant.

Elle suivit la mère hors du salon. La jeune femme ferma la porte et entraîna Pasca dans une petite salle à manger où se voyaient encore les restes du repas du matin.

– Maintenant, voulez-vous me dire pour la pauvre Jeanne ?... Je n'ai pas voulu vous en parler devant Kaja...

– Le commissaire de police va vous envoyer un de ses agents qui vous renseignera exactement, madame. Moi, je suis partie très vite, à cause de l'enfant. On disait que les blessures de la pauvre fille n'étaient pas très graves. Mais, malgré tout, elle devra être transportée à l'hôpital.

La jeune femme se laissa tomber avec accablement sur un siège.

– Quel malheur ! Que vais-je devenir ? Je suis incapable de rien faire, me voilà déjà brisée...

En effet, une pâleur cendreuse s'étendait sur son visage, et sa poitrine se soulevait sous une respiration haletante.

– Mais ne connaissez-vous personne ?... Une femme de ménage ?...

– La concierge saurait peut-être...

– Voulez-vous que je m'en informe en descendant ?

– Oh ! je vous en prie ! Que vous êtes bonne !

– Et si elle ne connaît personne, je demanderai aux domestiques de mon père, qui pourront donner un renseignement utile.

– Je ne sais comment vous remercier, mademoiselle !

Elle tendit vers Pasca ses mains longues et fines dont les os faisaient saillie sous la peau blanche. Dans ce geste, une bague, qui entourait le quatrième doigt de sa main, glissa et tomba à terre avec un bruit mat.

Pasca, se baissant vivement, la ramassa et la lui tendit, non sans remarquer la beauté du saphir entouré de brillants qui ornait cet anneau.

– Oh ! merci, mademoiselle ! Si vous n'aviez été là, je n'aurais pas pu la retrouver, avec mes pauvres yeux. J'ai beau faire rétrécir l'anneau, c'est à recommencer sans cesse, car je maigris toujours... Mais je ne voudrais cependant pas la perdre ! C'est le souvenir d'un des jours les plus heureux de ma vie, et ces jours-là n'ont pas été nombreux.

Les lèvres pâles se crispèrent un peu, une buée de larmes couvrit les yeux bleus.

Pasca n'osa lui demander si elle était veuve. Elle savait trop bien, par l'exemple de sa mère, quelles mystérieuses souffrances peut renfermer l'existence d'une femme !

Elle prit congé de l'étrangère, qui la remerciait encore avec chaleur, et, descendant rapidement, alla frapper à la porte de la loge. Il n'y avait là que le concierge, un petit homme au visage rouge, qui daigna cependant, vu la beauté de cette inconnue, se lever de son fauteuil et soulever sa calotte soutachée.

– Il est arrivé un accident à la bonne de la jeune dame qui habite au sixième au fond de la cour, dit Pasca. Celle-ci vous fait demander si vous n'auriez pas une femme de ménage à lui envoyer.

– Moi, je ne sais pas, madame. C'est ma femme qui s'occupe de ça. Mais elle va rentrer et je lui en parlerai aussitôt.

Pasca remercia et s'empressa de reprendre le chemin du logis. Comme elle finissait de retirer ses vêtements de sortie, le valet de chambre de son père vint la prévenir que M. de Combayre la demandait.

Le baron était couché et souffrait beaucoup ce matin-là. Il écouta d'un air distrait les explications que lui donna sa fille de son retard et lui demanda ensuite de lui faire la lecture, sa voix harmonieuse adoucissant ses douleurs, prétendait-il.

Le lendemain matin, Pasca retourna chez les étrangères, comme elle l'avait promis. Une femme de ménage l'introduisit dans le salon où, presque aussitôt, apparut la jeune femme.

– Comme c'est aimable à vous de répondre ainsi au désir de ma petite Kaja ! Elle a beaucoup parlé de vous hier, vous avez fait sur elle une très vive impression.

– Et comment va-t-elle, la pauvre mignonne ?

– Elle a la fièvre, elle souffre de la tête et est abattue, ce matin. C'est toujours ainsi quand elle a eu une émotion. Sa santé est si frêle !

Et un soupir souleva la poitrine de la jeune femme.

– Voulez-vous venir la voir ? Elle est encore couchée, naturellement.

Pasca acquiesça et la suivit dans la pièce voisine, une chambre élégante où, près du lit de la mère, se voyait celui de Kaja.

La petite fille, se soulevant un peu, tendit les bras vers Pasca.

– Oh ! mademoiselle, vous voilà ! Que vous êtes gentille !

Pasca l'embrassa et, cédant à ses instances et à celles de sa mère, s'assit un moment près de son lit.

Tandis qu'elle causait avec la jeune femme, s'informant si elle avait pu trouver à remplacer la servante blessée, Kaja ne la quittait pas des yeux. Réellement, elle semblait en extase devant elle.

– Vous partez déjà ? dit-elle en la voyant se lever. Oh ! restez encore ! J'aime tant à vous regarder !

Elle levait sur Pasca ses yeux orangés, caressants et tendres. La jeune fille eut tout à coup la sensation fugitive, mais intense, d'avoir déjà été regardée par des yeux semblables, et avec la même expression.

– Restez un tout petit peu... un petit instant encore ! supplia Kaja en saisissant de ses mains brûlantes la main de Pasca. Je voudrais que vous me permettiez d'appuyer un peu ma tête contre vous, comme l'autre jour. Il me semble qu'elle me ferait moins mal.

Pasca, émue, s'assit de nouveau, et attira contre elle la tête blonde.

– Vraiment, ma petite Kaja est bien indiscrète ! dit la jeune femme avec un faible sourire. Mais elle est un peu gâtée... Je n'ai qu'elle, c'est ma consolation.

En entrant dans la chambre, elle s'était laissée tomber sur un fauteuil. Elle parut à Pasca plus pâle, plus profondément lasse que la veille.

Kaja, d'un joli geste câlin, passa sa petite main sur la joue de la jeune fille.

– C'est doux comme du satin ! dit-elle avec admiration. Et comme vous avez des cheveux dorés ! Je voudrais bien que les miens soient comme cela.

– Ils sont très jolis quand même, mignonne, fit observer Pasca en soulevant un peu la chevelure cendrée qui tombait sur les épaules de l'enfant. Nous sommes, ici, trois blondes, et tout à fait différentes, ajouta-t-elle avec un sourire.

– Moi, je suis une blonde du Nord, dit la jeune femme. Je suis danoise.

– Vous parlez cependant le français sans le moindre accent, il me semble ?

– J'habite la France depuis l'âge de dix ans. Mais vous, mademoiselle, vous paraissez avoir l'accent italien ?

– Je suis en effet italienne, par ma mère et par le lieu de ma naissance, mais mon père est français.

– L'Italie !... J'y ai été, autrefois ! murmura la jeune femme.

Une expression douloureuse apparaissait sur cette physionomie fatiguée, et les lèvres fines eurent un pli amer.

La femme de ménage frappa en ce moment à la porte, annonçant que le commissaire de police demandait à parler à Mme Halner. Pasca se leva pour se retirer, malgré les protestations de la mère et de l'enfant. À la question anxieuse de Kaja : « Vous reviendrez me voir, dites ? », elle répondit d'une manière un peu évasive. Avant d'engager des relations avec ces étrangères, il lui fallait auparavant se renseigner. Elle chargerait de cette mission la femme de chambre que son père avait mise à son service, et qui lui paraissait être une personne sérieuse. Puis, si rien ne s'y opposait, elle ne demanderait pas mieux que de revenir, car son cœur si délicatement charitable était ému par la vue de cette jeune femme malade et triste, et singulièrement attiré vers cette frêle enfant qui lui témoignait une tendresse spontanée.

Chapitre 11

Ce matin-là, M. de Combayre et Pasca déjeunaient chez Gilles, pour la première fois. Le prétexte en était de curieux objets d'art et des livres anciens que le jeune homme voulait montrer à sa cousine. Celle-ci avait trop de sens artistique pour ne pas admirer l'installation de M. de Cesbres. Et lui, d'un œil ravi, suivait les impressions qui se laissaient lire sur cet expressif visage. Une joie délicieuse lui dilatait le cœur en la voyant dans ce cadre si bien fait pour elle, où il rêvait de l'installer en souveraine.

Après le déjeuner, servi dans la salle à manger flamande, et pour lequel s'était surpassée la cuisinière de Gilles, M. de Combayre s'installa dans le salon, pour la sieste dont son état de continuelle fatigue lui faisait une nécessité. Gilles conduisit Pasca dans son cabinet de travail. Il voulait lui lire le second acte de sa pièce, qu'il avait terminé le matin.

– Prétendez-vous donc me transformer en critique ? dit-elle avec gaieté, tout en s'asseyant dans le grand fauteuil ancien qu'il lui avançait.

– Il n'est aucune approbation à laquelle je tienne plus qu'à la vôtre ! répliqua-t-il gravement.

Il l'enveloppait d'un regard ému. Oh ! la voir toujours ainsi près de lui, dans cette demeure dont elle serait la vie, la lumière ! Il fallait qu'il lui parlât aujourd'hui ! Il ne pouvait plus attendre, vivre dans cette anxiété !

Les yeux noirs se levèrent sur lui, un peu surpris de son silence subit.

– Quand vous voudrez, Gilles ?

Mais au lieu d'étendre la main vers le manuscrit posé sur son bureau, Gilles prit une chaise et s'assit près de sa cousine.

– Il faut que je vous demande quelque chose, Pasca... Dites-moi d'abord si vous avez maintenant confiance en moi ?

– Mais oui ! Autant que l'on peut avoir confiance en une créature humaine, c'est-à-dire faillible.

– Et jusqu'où irait cette confiance ?

– Comment, jusqu'où ?

– Oui !... Par exemple, si je vous demandais de revenir sur votre résolution... si je vous demandais de croire à mon amour et de devenir ma femme ?

Elle devint pourpre et se leva brusquement.

– Mais vous êtes fou, Gilles ! Que signifie ?...

Lui aussi s'était levé et lui prit la main.

– Cela signifie que vous vous êtes emparée de tout mon cœur, en dépit des efforts de mon égoïsme pour repousser cette chère influence !

Voici que sa voix vibrante et chaleureuse les lui redisait, ces efforts, ainsi que l'envahissement chaque jour plus irrésistible de cet amour. Et, en l'écoutant, Pasca sentait un frémissement d'effroi et de bonheur courir en elle.

Soudainement, la lumière se faisait. Elle comprenait quelle place Gilles occupait dans son cœur.

Alors, elle aussi ?... Sa défiance, basée sur le souvenir du sort de sa mère, ne l'avait pas préservée d'un sentiment qui lui avait toujours, cependant, inspiré une secrète terreur. Elle recula un peu et, retirant sa main de celle de Gilles, leva vers lui son regard hésitant, un peu éperdu.

– Gilles, vous savez bien que je ne peux pas...

Il s'écria d'un ton de triomphe :

– Mais si, vous m'aimez ! Je viens de le voir dans vos yeux... Et vous m'avez dit tout à l'heure que vous aviez confiance en moi !

– J'ai confiance dans votre amitié. Mais c'est autre chose de s'unir pour la vie entière par un lien indissoluble... Et d'abord, le considéreriez-vous comme tel ? ajouta-t-elle vivement, comme frappée d'une pensée subite. Avant-hier, vous excusiez, vous approuviez presque le divorce...

Un imperceptible frémissement passa sur le visage de Gilles.

– Je n'approuverai jamais rien de ce que vous réprouvez, je me rangerai entièrement à vos opinions ! dit-il d'un ton de protestation ardente. Il faut être indulgent pour moi, Pasca. Je n'ai été jusqu'ici qu'un pauvre incroyant, et il se peut que certaines de mes idées choquent parfois encore – bien involontairement – vos convictions. Mais, dites-moi, chère Pasca, ne vous ai-je pas montré que j'étais un homme de bonne volonté ?

– Oui, c'est vrai ! Il me semble que, réellement, vous cherchez la vérité.

– Et ne voulez-vous pas m'aider à la trouver plus vite, par votre continuelle présence, par votre exemple sans cesse sous mes yeux ? J'ai déjà eu l'occasion de vous dire combien je respectais et j'admirais vos croyances. Vous serez donc bien sûre, n'est-ce pas, que, loin d'y porter atteinte, je travaillerai à m'en rapprocher ?

– Je l'espère du moins, et si, vraiment, Dieu me donnait cette tâche, mon plus grand bonheur serait de hâter par mes prières le moment où vous croirez comme moi. Mais... oh ! Gilles !... j'aurais trop peur ! murmura-t-elle d'un ton de détresse.

– Peur de quoi, Pasca ?

– C'est le souvenir de ma mère... Voyez-vous, si je devais connaître l'abandon, la trahison, j'en mourrais, moi aussi.

Il lui saisit les mains et y appuya ses lèvres.

– Pas vous !... Oh ! pas vous, Pasca ! ma Pasca ! Vous abandonner, vous qui serez mon trésor ! Savez-vous bien que ce doute est une injure pour moi ?

Une rougeur de confusion couvrit les joues de Pasca.

– Pardon, Gilles !... Mais, voyez-vous, c'est quand je pense à ma pauvre maman... Seulement, je sais qu'au fond vous êtes sérieux, et... je ne puis m'empêcher de croire à votre sincérité, acheva-t-elle à mi-voix.

– Pasca, cela est une acceptation ?

Il se penchait vers elle, il la couvrait de ce regard caressant qui était chez lui si plein de charme, surtout quand il en bannissait l'ironie, comme toujours à l'égard de sa cousine.

Qui donc l'avait regardée ainsi, aujourd'hui même ?

Ah ! oui, elle se souvenait ! C'était la petite Kaja. Elle aussi avait ce

Chapitre 11

même mouvement des longs cils blonds qui frémissaient doucement sur les yeux orangés. Mais par quelle bizarre association d'idées le souvenir de la petite étrangère lui revenait-il en ce moment ?

– Une acceptation !... Comme vous y allez, Gilles ! dit-elle avec un sourire un peu tremblant. D'abord, il faut en parler à mon père...

– Naturellement ! Mais il voudra ce que vous voudrez en cette circonstance... Ne soyez pas cruelle ! Dites-moi que vous serez ma femme, que vous viendrez bientôt éclairer cette demeure de votre grâce et de votre bonté exquise !

Un peu de rose aviva la matité du teint de Pasca, tandis qu'elle abandonnait sa main dans celle de son cousin.

– Je vous le dirai tout à l'heure, devant mon père. En attendant qu'il soit réveillé, lisez-moi votre second acte.

Il obéit et s'assit en face d'elle. Mais jamais lecture ne fut plus mal faite, ni plus mal entendue. Gilles regardait beaucoup moins son manuscrit que la tête délicate qui ressortait si harmonieusement sur le fond sombre du haut dossier. Pasca se croyait en proie à une sorte de rêve – rêve délicieux et un peu effrayant à la fois...

Elle avait si bien dit pourtant que jamais elle ne pourrait avoir en aucun homme assez de confiance pour croire à la constance de son amour et accepter de mettre sa main dans la sienne, jusqu'à la mort ! Comment expliquer le bonheur qui gonflait son cœur, à la pensée que Gilles lui avait demandé de devenir sa femme ?...

Cette confiance qu'elle prétendait impossible, il avait donc su la lui inspirer ? Elle croyait à sa sincérité entière, à la force et à la fidélité de cet amour qu'il lui avait révélé tout à l'heure !

La voix de l'ancienne défiance, bien frêle maintenant, essayait de murmurer : « Prends garde ! » Mais la voix du cœur ravi de bonheur, du cœur aimant qui s'était déjà donné, l'étouffait par un cri de triomphe : « Je crois en sa loyauté. Je crois en cette affection qui lui fait sacrifier, pour moi, son indépendance égoïste ! »

– Gilles, le délicieux lecteur que vous êtes d'habitude me paraît bien inférieur aujourd'hui !

C'était M. de Combayre qui parlait ainsi, d'un ton quelque peu malicieux, en poussant la porte séparant le cabinet de travail du salon.

Gilles se leva vivement, et Pasca tourna ses yeux rayonnants vers son père.

– Il est de fait que je ne suis pas du tout à mon sujet ! dit le jeune homme avec une gaieté émue. J'attendais avec impatience votre réveil, mon cousin.

– Et pourquoi donc ?

– Parce que Pasca ne veut prononcer que devant vous le mot décidant de mon bonheur.

– C'est vrai, mon enfant ?

Pasca, se levant, vint vers son père et lui prit la main.

– Oui, il m'a demandé de devenir sa femme. Mon père, le permettez-vous ?

– Comment, si je le permets ! Avec enthousiasme, ma chère enfant ! Peste, tu en fais, une conquête ! Un monsieur qui se déclarait célibataire endurci !

– Mais je vous ferai remarquer, mon cousin, que la conquête n'est pas de moindre importance de mon côté, dit Gilles en riant. Pasca aussi avait déclaré ne vouloir jamais se marier.

– Tiens, c'est vrai ! C'est une double conversion. Voyons, embrassez votre fiancée, mon cher Gilles.

Les lèvres de Gilles effleurèrent le front de Pasca, toute rose d'émotion. Le bonheur faisait briller les yeux de M. de Cesbres, et son cousin, en le regardant, se murmura à lui-même :

« Eh ! mais, pour un sceptique, il m'a l'air joliment emballé, Gilles de Cesbres ! »

Lorsque M. de Combayre et sa fille se retirèrent, une heure plus tard, Gilles prit place dans leur voiture. Il devait dîner avec eux, après avoir passé l'après-midi près de sa fiancée.

En franchissant la porte de sa demeure, M. de Combayre eut une exclamation stupéfaite :

– Qu'est-ce que toutes ces malles ?... Mais... ce sont celles de Matty !

– Mademoiselle est arrivée, il y a une heure, Monsieur le baron, dit le domestique.

Il sembla à Pasca qu'un étau lui serrait tout à coup le cœur. Quant à Gilles, il eut un impatient froncement de sourcils et murmura entre ses dents :

Chapitre 11

« Nous avions bien besoin de celle-là ! »

Au même instant, dans l'ouverture d'une porte, s'encadra la maigre silhouette de Matty, encore en costume de voyage. Son regard, effleurant à peine son père, se dirigea aussitôt vers Pasca et Gilles, debout l'un près de l'autre dans le vestibule.

– Quelle idée d'arriver ainsi sans crier gare, Mat !... s'écria M. de Combayre en s'avançant vers elle. Nous aurions pu nous trouver absents...

Elle riposta sèchement :

– J'aurais reçu en ce cas l'hospitalité chez des amies. Mais j'ai toujours trouvé très amusant de surprendre les gens.

Tandis qu'elle parlait, ses yeux ardents ne quittaient pas le visage de Pasca, dont la beauté semblait augmentée encore par la toilette noire d'une sobre élégance qui lui seyait si bien.

– Pourquoi ne m'écrivais-tu pas, méchante enfant ? dit M. de Combayre en l'attirant entre ses bras pour l'embrasser. Je suis très fâché contre toi, sais-tu ?

Elle répondit, en se dégageant d'un mouvement brusque :

– Ça passera ! Et ça vous apprendra une autre fois à ne pas faire de cachotteries pareilles... Alors, il paraît que vous êtes ma sœur, signorina Pasca ?

Elle s'avançait un peu, les yeux toujours fixés sur la jeune fille.

– ... Et il paraît, messire Gilles, que vous étiez dans le secret ?

Maintenant, elle regardait son cousin, et ses yeux luisaient singulièrement sous leurs cils sombres.

– Mais certainement, j'ai eu le plaisir de connaître très vite le lien de parenté qui m'unissait à notre charmante hôtesse de Menafi ! dit-il d'un ton de froide ironie dont il se servait souvent envers Matty. Et vous-même, Mat, auriez été sans doute mise au courant, si Pasca avait trouvé en vous un peu de sympathie.

– La sympathie ne se commande pas, vous le savez mieux qu'un autre, mon cher ! riposta-t-elle avec un sourire sardonique. Mais, enfin, puisque nous ne pouvons rien changer à ce qui existe, nous tâcherons de nous accoutumer l'une à l'autre.

– Évidemment, ce sera le plus sage, Matty ! dit M. de Combayre, qui se rapprochait. Mais, malheureusement, – malheureusement pour nous, du moins, – Pasca va nous être enlevée.

– Voulez-vous dire qu'elle se marie ?

– Précisément. Devine avec qui, Mat ?

– Mais avec Gilles, je pense ?

La voix était étrange, comme brisée, et le visage de Matty se décolorait jusqu'aux lèvres.

– Comme vous avez trouvé vite, Mat !... dit Gilles avec un léger sourire moqueur. Avons-nous donc un air particulier, tous deux ?...

Mais il s'interrompit. Dans les yeux bleus de roi qui se fixaient sur lui, il venait de discerner, fugitive mais intense, une expression de désespoir éperdu.

Quelques mois auparavant, il aurait trouvé seulement, là, matière à observations curieuses. Mais, maintenant que la bienfaisante influence de Pasca avait pénétré son âme, il ressentait une sincère compassion devant la souffrance de cette enfant, si peu sympathique qu'elle lui fût.

– Des fiancés ont toujours un air particulier, dit Matty d'un ton bref. Et puis, je me doutais bien que la signorina vous plaisait déjà fort à Menafi... Et alors, à quand le mariage ?

Sa physionomie avait repris l'expression froide et insouciante qui lui était ordinaire. Seule, une petite flamme luisait encore au fond de ses prunelles.

– Rien n'est fixé : c'est Pasca qui décidera.

– Oh ! quand vous voudrez, Gilles !

Il lui venait un désir fou de quitter le plus tôt possible cette demeure, depuis qu'elle se trouvait en présence de cette sœur si étrange, qui ne lui avait pas même tendu la main.

Gilles, avec sa perspicacité habituelle, devina sans doute son impression, car il répliqua :

– Eh bien ! nous allons convenir de cela et mettre la cérémonie à une date assez rapprochée, puisque, aussi bien, vous manquerez moins à votre père, maintenant qu'il a retrouvé son autre fille.

M. de Combayre ne protesta pas. En voyant l'attitude prise par Matty envers sa sœur, il comprenait que la vie commune serait difficile pour Pasca.

– Arrangez-vous comme vous voudrez, et bonsoir ! dit Matty, en pivotant sur ses talons. Je vais me coucher, car la traversée a été mauvaise et je suis très fatiguée.

Son père, déjà inquiet, la suivit pour s'enquérir du degré de cette fatigue. Gilles enleva sa pelisse, aida Pasca à retirer son vêtement et son chapeau, puis, passant doucement la main sous son bras, la conduisit jusqu'au jardin d'hiver.

– Nous allons arranger ensemble nos petites affaires, car, maintenant, Matty va faire tourner la tête à mon pauvre cousin ! dit-il avec un demi-sourire.

– Oh ! Gilles, quel ennui. Nous étions si tranquilles... Pauvre Matty ! C'est peut-être mal de ma part de dire cela. Mais vous avez vu...

– Ne vous tourmentez pas, je vous en prie ! Matty est toujours plus ou moins désagréable, selon les jours. Il est possible que, demain, elle vous fasse un autre visage. Mais, d'ailleurs, vous n'aurez que peu de temps à passer près d'elle. Nous allons réduire au minimum la durée de nos fiançailles, et, une fois ensemble, nous nous moquerons bien de sa méchanceté, n'est-ce pas ?

Pasca demeura un instant pensive, regardant machinalement les roses qui escaladaient, sur un treillage doré, une paroi du jardin d'hiver.

– Mais si, par bonheur, je parvenais, avec beaucoup de patience et de douceur, à m'attirer un peu de son affection ?

Une expression à la fois railleuse et attendrie traversa le regard de Gilles.

– L'entreprise serait bien hasardeuse, même pour un cher ange comme vous. Mais, une fois mariée, rien ne vous empêchera de faire un discret apostolat près de cette pauvre Matty. Seulement, ne vous faites pas trop d'illusions à ce sujet... Maintenant, laissons Matty, et dites-moi plutôt comment vous désirez votre bague de fiançailles ?

– Choisissez à votre goût, Gilles.

– Mais non, par exemple, dites-moi le vôtre ! Voulez-vous un diamant ? Préférez-vous une autre pierre ?

– J'aime beaucoup le saphir.

Une légère pâleur couvrit le teint de Gilles et les doigts qui tenaient la main de Pasca frémirent un peu.

– Ne trouvez-vous pas qu'une émeraude serait mieux ? C'est la pierre idéale pour vous, avec vos yeux noirs et vos cheveux si chaudement dorés.

– Prenez une émeraude ! Je l'aime beaucoup aussi, et puis, du moment que cela vous plaît ainsi, mon futur seigneur et maître !

Elle le regardait, rieuse et émue à la fois. Longuement et pieusement presque, il baisa ses doigts fins.

– Un seigneur et maître qui aura fort besoin du guide bien-aimé que vous serez pour lui ! Quel changement dans ma vie depuis le jour où je vous ai rencontrée ! La fantaisie et l'insouciance seules me dirigeaient, je m'en allais sans but, sans espoir. Maintenant, vous serez là, vous, l'élue de mon cœur, l'unique confidente.

Les yeux de la jeune fille se posèrent sur lui, il se sentit comme enveloppé des effluves lumineux qui s'échappaient de ce regard grave et presque solennel en ce moment.

– Gilles, je vous donne ma confiance.

Elle prononçait ces mots d'une voix lente, recueillie, ainsi qu'elle eût fait un serment.

Pendant quelques secondes, les lèvres de M. de Cesbres tremblèrent et ses paupières s'abaissèrent un peu sur ses yeux...

– Je m'efforcerai de la mériter toujours, chère, bien chère Pasca ! dit-il d'une voix que l'émotion assourdissait singulièrement.

Pasca se leva et, s'avançant un peu, cueillit une rose nacrée à peine épanouie.

– Tenez, prenez cette fleur et gardez-la. De même que celle de Menafi était le gage de l'amitié qui nous unissait, de même celle-ci symbolisera cette confiance réciproque que nous nous promettons aujourd'hui.

Il eut un imperceptible mouvement pour repousser la fleur, ses lèvres tout à coup pâlies s'entrouvrirent comme pour jeter un brusque aveu...

Mais elles se refermèrent et, d'un geste décidé, il prit la rose, qu'il mit dans son portefeuille, près de celle, toute séchée, de l'oratoire de la Madonna.

Chapitre 12

Pasca dormit peu cette nuit-là. Son âme était partagée entre le bonheur et la crainte : le bonheur de penser que Gilles l'aimait, qu'elle aimait Gilles et qu'ils s'en iraient tous deux dans la vie sous la bénédiction divine, unis dans les afflictions comme dans les joies ; la crainte de cet avenir tout nouveau qui s'ouvrait tout à coup devant elle sans qu'elle y eût jamais songé, puisqu'elle avait toujours repoussé l'idée du mariage.

Elle aurait peut-être dû réfléchir davantage, demander conseil... Mais elle connaissait si bien Gilles, maintenant ! Pour elle, le sphinx s'était dépouillé de son voile d'énigme, il lui avait révélé le secret de son âme ardente, avide de vérité et de bien sous son apparence froide et sceptique. Seule, cette certitude de sa loyauté, de sa bonne volonté et de l'aide qu'elle pourrait moralement lui apporter, était capable de la décider à épouser un homme qui ne partageait pas encore toutes ses croyances.

Du reste, il lui semblait impossible qu'elle l'eût aimé s'il avait été autrement. Sa première lueur de sympathie à l'égard de Gilles avait été provoquée par la compassion que lui inspirait l'âme égarée et visiblement souffrante qu'il lui avait révélée en un accès de confiance très inaccoutumé. Elle avait essayé de lui faire un peu de bien... Et maintenant Dieu semblait lui confier la tâche de conduire à bonne fin l'œuvre de cette conversion.

– Mon Dieu ! je m'y consacrerai de tout mon pouvoir ! dit-elle avec ferveur. Oh ! combien je vous remercie ! Je suis heureuse, si heureuse !

Un bonheur délicieux dilatait son cœur. Elle pensa avec émotion :

« Je voudrais que mon cher grand-père fût là et qu'il vît le bonheur de sa petite Pasca. Mais, de là-haut, vous me bénissez, n'est-ce pas, grand-père chéri ? »

Pourquoi fallait-il que ce retour inopiné de Matty fût venu jeter un froid sur la douce allégresse de ce premier jour de fiançailles ? Elle avait eu pour sa sœur le même regard hostile qu'à Menafi. D'après cet accueil, il était aisé de prévoir que la vie commune présenterait quelque difficulté, et que Pasca aurait besoin de déployer beaucoup de douceur.

« Pauvre petite, si mal élevée, elle a besoin d'indulgence ! » songea-t-elle avec compassion.

Ce matin-là, comme elle sortait de la messe, elle eut la joyeuse surprise de trouver près du bénitier M. de Cesbres.

– Je savais que vous veniez d'habitude à cette heure-ci, dit-il, tout en l'enveloppant de son regard tendrement ravi. Je n'étais pas très loin de vous, pendant la messe... Je suis sûr que vous avez beaucoup prié pour moi, Pasca ?

– Beaucoup, c'est vrai. Je voudrais tant vous voir un vrai croyant !

– Cela viendra, j'espère. Mais, même pour l'amour de vous, je ne voudrais pas feindre une foi complète que je ne possède pas encore.

– Oh ! cela, non, non, Gilles ! L'hypocrisie est pire que tout... M'accompagnez-vous jusque chez mon père ?

– Mais certainement ! Si même je n'avais pas depuis longtemps promis à cet ami dont je vous ai parlé un jour, ce vieil artiste pauvre et modeste, d'aller le voir à Vincennes, où il demeure, je me serais invité à déjeuner chez mon cousin. Mais le pauvre homme est malade et je sais que ma visite lui fera plaisir.

– Je crois bien, il ne faut pas la manquer ! Voilà la véritable bonté, celle qui sait placer le devoir de la charité avant une satisfaction personnelle.

– Et quand cette satisfaction consisterait à passer plusieurs heures près d'une fiancée chérie, le sacrifice est très méritoire ! ajouta-t-il avec un sourire ému. Mais vous me rendez héroïque !

À la porte de l'hôtel de Combayre, M. de Cesbres prit congé de la jeune fille, en lui disant :

– À ce soir, vers six heures, je pense, à mon retour de Vincennes.

Pasca ne vit sa sœur qu'au moment du déjeuner. À sa grande surprise, Matty, dont le visage jaune et tiré portait la trace d'une nuit d'insomnie, se montra, sinon aimable, du moins suffisamment polie. Et, comme on sortait de table, cette surprise de Pasca s'accentua en l'entendant lui demander si elle voulait l'accompagner cet après-midi au Bois.

– J'ai un grand mal de tête, une promenade me fera du bien par ce temps si exceptionnellement doux, expliqua-t-elle. Profitez de l'occasion, si cela vous fait plaisir.

Pasca s'empressa d'acquiescer, heureuse de constater ce léger changement dans l'attitude de sa sœur.

C'était, ce jour-là, une exquise journée de février, presque tiède, annonciatrice du printemps. Les voitures avaient été découvertes, et le landaulet de M. de Combayre, où avaient pris place les deux jeunes filles, se trouvait de ce nombre. On les regardait fort – ou plus exactement on regardait Pasca, dont l'admirable beauté blonde et l'extrême distinction ressortaient mieux encore près de la brune Matty, au teint jaunâtre et à la toilette excentrique. Puis, chacun était avide de connaître la fiancée, l'élue de ce charmant et insensible Gilles de Cesbres pour lequel tant de cœurs avaient battu en vain.

Rien de tout cela n'échappait à Matty. Elle notait les regards admiratifs aussi bien que les coups d'œil d'indifférence moqueuse jetés sur sa maigre personne. Mais son visage demeurait impassible.

– Tenez, regardez cette grande jeune fille brune, au type espagnol, là-bas, dit-elle tout à coup. Dans cette voiture, près de ce vieux monsieur, son père... C'est le dernier flirt de Gilles – du moins au moment de son départ, car depuis il a dû changer l'objet de ses attentions. Il est horriblement versatile, notre cher cousin !

Les beaux sourcils dorés se froncèrent légèrement. Mais Pasca dédaigna de répliquer à cette parole méchante et maladroite. Elle n'ignorait pas que Gilles était connu pour ses flirts continuels, mais très éphémères et très changeants, et lui-même lui avait appris qu'il se servait de ce qu'il appelait « une sotte petite comédie » pour mieux étudier les âmes féminines frivoles et coquettes rencontrées sur sa route.

Du coin de l'œil, Matty l'observait, et une lueur traversait son regard en la voyant rester si parfaitement indifférente.

Elle se renfonça un peu dans les coussins du landaulet et, appuyant son menton dans sa main gantée, parut réfléchir un moment...

– Vous serez peut-être heureuse avec lui, malgré tout, murmura-t-elle tout à coup, comme en se parlant à elle-même. C'est quelquefois une raison quand le premier mariage n'a pas réussi pour que le second ait plus de chance.

Pasca la regarda avec surprise, en se demandant ce qui lui prenait de divaguer ainsi.

– Que me parlez-vous de premier mariage, Matty ?

– Mais oui, le premier mariage de Gilles !... Comment, est-ce que vous ignoriez ?

Des yeux un peu dilatés se fixaient sur elle. Les lèvres de Matty eurent ce mouvement particulier du félin qui s'apprête à déchirer sa proie.

– Par exemple, c'est trop fort ! Gilles ne vous a pas dit qu'il avait été marié une fois déjà, à une Danoise, fille d'un écrivain et poète elle-même, qui s'était complètement toquée de lui ?

– Et... il y a longtemps qu'il est veuf ?

Les mots sortaient machinalement des lèvres tremblantes de Pasca, qui se croyait le jouet d'un rêve douloureux.

– Veuf ? Mais il n'a jamais été veuf ! Divorcé, seulement, depuis sept ans.

– Divorcé !

Cette fois, Matty avait été trop loin dans sa plaisanterie méchante, Pasca voyait clair dans ce jeu d'enfant mauvaise...

– Vous pouvez vous dispenser de forger des histoires de ce genre, dont je ne crois pas un mot, dit-elle d'un ton de fière dignité en essayant de raffermir sa voix qui tremblait malgré tout – de même que son pauvre cœur battait si vite ! si vite !

– Demandez donc à mon père si ce sont des histoires !... Et interrogez aussi votre mystérieux fiancé. Il avait pensé sans doute, ce cher Gilles, que vous ne seriez pas très aise de devenir la femme d'un divorcé, ni d'apprendre que cette pauvre Thyra n'avait pas été fort heureuse près de lui ? Ni peut-être aussi de savoir qu'il est si bon père que jamais il ne s'est soucié de connaître sa petite fille, se contentant de faire verser à la mère, par son notaire, la somme prescrite par la loi.

L'automobile, prenant le chemin du retour, s'engageait à ce moment dans les Champs-Élysées. Le soleil inondait la superbe voie et, sous ce ciel bleu, la vie semblait devoir être particulièrement douce.

Mais soleil et ciel bleu avaient disparu pour Pasca. Tout se brouillait devant son regard et il lui fallut l'extrême force de volonté qu'elle possédait pour surmonter la défaillance qui allait la faire glisser inanimée sur les coussins...

Du coin de l'œil, Matty la regardait : elle savourait la joie de voir s'altérer affreusement, et devenir livide, ce beau visage, de lire, dans ces yeux magnifiques qui avaient charmé Gilles, quelque chose de la torture qui broyait en ce moment le cœur de Pasca.

Il fallait pourtant bien faire bonne contenance devant tous ces regards qui les croisaient au passage. Pasca se raidissait, promenait ses yeux qui ne voyaient plus rien sur les équipages qui passaient dans la lumineuse beauté de cet après-midi.

Ce trajet si court lui paraissait aujourd'hui interminable... Et, à peine rentrée, elle s'élança vers le salon où se tenait son père.

M. de Combayre, qui parcourait distraitement ses journaux, leva la tête et jeta une exclamation à la vue de ce visage bouleversé :

– Qu'est-il arrivé, mon enfant ?

– Dites-moi si ce que vient de m'apprendre Matty est vrai : si Gilles est vraiment... divorcé ?... interrogea-t-elle tout d'une haleine en fixant sur lui un regard d'angoisse.

M. de Combayre eut une grimace de contrariété.

– La vilaine petite fille ! Qu'avait-elle besoin de te raconter cela ?

– C'est... c'est vrai ? balbutia Pasca.

– Eh oui, c'est vrai ! Mais cela ne t'importe guère, car ce premier mariage, n'ayant été béni qu'au temple protestant – Thyra Halner appartenait à cette religion – est nul au point de vue catholique.

Pasca eut un brusque mouvement.

– Halner ?... Vous dites Halner ?... Mais c'est le nom de cette jeune femme à qui j'ai ramené sa petite fille, l'autre jour ! Elle est danoise... Et, j'y songe maintenant, l'enfant ressemble à Gilles.

– C'est très possible. Mme de Cesbres, redevenue Mme Halner, n'avait qu'une fortune médiocre qu'elle a dû voir diminuer encore par son insouciance et son ignorance des questions d'argent.

Le pâle visage de Pasca se crispait sous l'étreinte d'une intolérable douleur, et elle dut s'appuyer au dossier d'une chaise, car elle sentait que ses jambes fléchissaient.

– Pouvez-vous me dire, mon père, pourquoi Gilles et vous vous êtes entendus pour me cacher cela ? demanda-t-elle d'un ton qu'elle essayait de raffermir.

– Nous ne nous sommes pas entendus le moins du monde, ma

chère enfant ! Depuis le jour où Thyra a quitté la demeure de Gilles, il n'a plus été question d'elle entre nous. Je suis sûr, du reste, que les trois quarts des connaissances de Gilles ont oublié ce mariage, qui ne fut dans sa vie qu'un bref épisode. Il n'aimait pas réellement cette jeune femme, qui, très exaltée, follement éprise de lui, s'était un peu jetée à sa tête. Sans doute, aussi, avait-il été un instant frappé de cette admiration passionnée. Il n'avait que vingt-deux ans, alors, et se trouvait dans tout l'enivrement du triomphal succès de sa première pièce. Thyra n'était pas mauvaise, mais c'était une pauvre tête rêveuse et romanesque, une nature à la fois violente et faible, qui laissait aller son ménage à la dérive et ne voulait qu'une chose : ne jamais quitter un instant son mari. À propos de tout et de rien, elle lui faisait de terribles scènes de jalousie. Tu comprends si cela réussissait avec un homme du caractère de Gilles ! Enfin, après dix-huit mois de mariage, le divorce fut demandé à la suite d'une scène au cours de laquelle Thyra, peut-être exaspérée par cette raillerie glaciale qui remplace chez ton fiancé la colère, s'oublia jusqu'à lui adresser les plus violentes menaces et, en un coup de tête, quitta ensuite la demeure conjugale avec l'enfant. Tous deux, ce jour-là, avaient prononcé le mot de divorce. On m'a dit qu'elle le supplia, bientôt après, de revenir sur sa décision. Mais il fut inexorable et refusa de la revoir. Voilà toute l'histoire du premier mariage de Gilles. Il n'a pas jugé utile de te la raconter, parce que, je le répète, ce ne fut dans sa vie qu'un simple épisode, un mauvais rêve très court...

– Je ne le considère pas ainsi ! dit la voix frémissante de Pasca. Mais, en tout cas, il est une chose que je ne lui pardonnerai jamais : c'est de m'avoir trompée en me cachant sa véritable situation.

– Voyons ! mon enfant, n'exagère pas ! Tu ne vas pas lui faire une scène à propos de cela ?

Un tressaillement secoua Pasca.

– Non, je lui rendrai sa parole, simplement.

– Pascal... Tu ne commettras pas cette folie ? Je te le répète, ce mariage n'était pas valable au point de vue catholique.

– C'est possible. Mais, en ce cas, Gilles a un devoir à remplir et une faute à réparer.

– Tu es folle, te dis-je ! Ne va pas commettre un acte que tu regretterais tout le reste de ta vie !

– Je ne regretterai jamais d'avoir accompli mon devoir, ni d'avoir évité de devenir l'épouse d'un homme qui a trompé la confiance que j'avais en lui.

Et elle quitta le salon pour échapper aux objections nouvelles qu'elle voyait prêtes à sortir des lèvres de son père ; elle s'enfuit dans sa chambre, se jeta à genoux devant son crucifix, et là, le front entre ses mains, les yeux secs et le cœur haletant, elle s'abîma dans l'effondrement affreux de ses illusions et de son amour.

Chapitre 13

– Mademoiselle attend Monsieur le vicomte dans le jardin d'hiver.

D'un pas allègre, Gilles se dirigea vers la pièce indiquée. En entrant, il ne vit pas tout d'abord Pasca. Mais un léger mouvement lui annonça la présence de la jeune fille dans un angle, près d'un massif d'azalées roses.

Elle se tenait debout et, quand il fut près d'elle tourna légèrement vers lui son visage altéré.

Il s'exclama avec angoisse :

– Êtes-vous malade, Pasca ?

Elle recula un peu en retirant la main qu'il voulait prendre entre les siennes.

– Non ! ce n'est pas cela !... Mais j'ai su aujourd'hui la vérité, Gilles.

Sous ce regard sévère et si profondément douloureux, M. de Cesbres blêmit.

– On vous a appris ? murmura-t-il. Qui cela ?

– Matty.

Il eut une exclamation de sourde fureur :

– La misérable petite créature ! De quoi se mêlait-elle là ?

– En effet, ce n'est pas elle qui aurait dû me faire cette révélation !

– Je vous aurais tout appris ; je vous jure que je vous aurais tout dit !

– Oui, quand notre mariage aurait été un fait accompli, de façon que je ne puisse revenir en arrière !

– Non ! j'avais l'intention de vous en parler ces jours-ci, je vous en donne ma parole ! Mais ce premier mariage n'ayant pas été béni par l'Église, j'ai le droit d'en contracter un autre.

– En ce cas, pourquoi m'avez-vous caché si longtemps la vérité ?

– Parce que, d'abord, je me doutais bien qu'elle vous serait un peu désagréable, et, ensuite, parce que ces quelques mois de mariage n'ont laissé dans mon esprit qu'un souvenir insignifiant.

Un cri d'indignation jaillit des lèvres de Pasca :

– Et votre enfant, qu'en faites-vous ?

Les yeux de Gilles s'assombrirent.

– Je ne la connais pas, je ne puis avoir aucune affection pour elle. Je fais mon devoir en contribuant pour une large part aux frais de son entretien, c'est tout ce qu'on peut exiger de moi.

– Cela prouve que vous n'êtes pas difficile sur la manière de comprendre votre devoir, monsieur de Cesbres !

– Et que faudrait-il faire encore, selon vous ? s'écria-t-il avec une sorte de violence.

Elle dit nettement :

– Renouer le lien rompu, faire bénir votre mariage par l'Église et reprendre la vie commune avec votre femme et votre fille.

Pendant quelques secondes, Gilles la regarda, comme s'il ne comprenait pas... Et, tout à coup, il saisit sa main avant qu'elle eût pu s'en défendre...

– Je pense que vous parlez sous l'empire d'une exaltation causée par cette révélation trop soudaine, dit-il d'une voix frémissante. Autrement, je ne saurais comprendre comment cette idée folle a pu vous venir, – à vous surtout, ma fiancée, bientôt ma femme.

D'un geste brusque, elle retira sa main et, plongeant ses yeux sombres et résolus dans ceux de Gilles :

– Votre femme, jamais ! Vous ne pouvez donner ce nom qu'à elle seule, à celle qui s'est appelée Mme de Cesbres, à la mère de votre petite Kaja.

Il eut un cri de colère et de douleur :

– Pasca !

– Tout doit être fini entre nous, Gilles, continua-t-elle, comme si elle n'avait pas entendu. Il faut que...

– Mais vous êtes folle ! J'ai le droit de vous épouser, vous dis-je ! Demandez à un de vos prêtres...

– Oui, ce mariage serait valide. Mais je vois plus loin, Gilles. En omettant, vous, catholique, de faire bénir votre première union par l'Église, vous avez commis une faute très grave, qu'il est de votre devoir strict de réparer.

– Cela ne regarde que moi !

– C'est possible ! Mais, le sachant, je deviendrais en quelque sorte la complice de cette faute si je vous épousais malgré tout. En outre, il me serait impossible d'oublier qu'une pauvre femme souffre, parce qu'elle vous aime toujours et ne peut se consoler d'avoir vu rompre le lien qui l'unissait à vous.

Il dit avec violence :

– Que m'importe ! Je ne l'ai jamais aimée, moi ! Quand je l'ai épousée, j'étais très jeune et son admiration enthousiaste flattait mon orgueil. Mais, bien vite, j'ai été las de ses scènes continuelles, exaspérantes, de son espionnage de mes actes les plus insignifiants. Savez-vous à propos de quoi survint notre rupture ? Un soir, au théâtre, je lorgnai un peu longuement une originale figure de femme dans une loge en face de la mienne. Thyra, qui se trouvait avec moi, se mit en devoir, au retour, de m'accabler des reproches les plus ridicules et les plus injustes. Je restai calme d'abord, puis je m'emportai à mon tour et me déchargeai de tous mes griefs. Alors, comme une furie, elle s'empara d'un revolver que j'emportais chaque soir et que j'avais déposé en rentrant sur mon bureau et m'en menaça. Je réussis à saisir l'arme et je fis sortir Thyra de mon cabinet, en lui disant : « Vous voulez le divorce, vous l'aurez ! » À quoi elle me répondit d'un ton de bravade : « Je saurai bien vivre sans vous ! » Le lendemain matin, elle avait quitté ma demeure avec l'enfant, – de son plein gré, comprenez-vous, Pasca ? J'avoue que, si exaspéré que je fusse, j'aurais répugné à la mettre à la porte de chez moi, et, si elle n'était partie d'elle-même, peut-être aurais-je supporté encore sa présence. Dites-moi donc, je vous prie, qui est réellement l'auteur de ce divorce ?

– Je ne nie pas qu'elle ait eu des torts, mais c'était excès d'affection pour vous. Si vous aviez été bon et patient, si vous aviez su la raisonner, la rassurer...

Il eut un ricanement sardonique.

– Tout cela n'était guère dans mon caractère. Pourtant, je vous le dis, j'aurais essayé de patienter encore si elle-même n'avait brusquement rompu.

– Mais elle vous a demandé ensuite de revenir...

– Ah ! pour cela, non, par exemple ! La chose était faite, tant mieux pour moi et tant pis pour elle !

– Oh ! Gilles, vous deviez répondre à ce repentir ! Vous êtes responsable des souffrances de cette pauvre femme, aujourd'hui malade et presque aveugle... Et votre petite fille que vous ne connaissez pas ! Elle est si gentille, pourtant !

– La connaissez-vous donc, vous ? dit-il brusquement.

– Oui, je les ai vues toutes deux ces jours derniers, bien par hasard... Gilles, allez près d'elles, remplissez votre devoir.

– Taisez-vous, Pasca ! Vous êtes folle, vous dis-je ! En tout cas, je ne me reconnais qu'un tort : c'est de ne pas vous avoir appris déjà ce bref épisode de ma vie. De ce tort, je sollicite humblement mon pardon. Quant à de prétendus devoirs à remplir, à de prétendues fautes à réparer, ce sont de simples imaginations d'une conscience par trop délicate. Sachez-le, je ne renoncerai jamais à vous. Tout mon cœur vous appartient, vous êtes mon bonheur et ma vie...

– À mon tour de vous dire : taisez-vous ! Vous parlez là en païen, Gilles, en païen que vous êtes encore, malgré ce que j'avais cru !

– Ah ! que ne l'êtes-vous aussi ! s'écria-t-il, emporté par son désespoir en comprenant qu'elle lui échappait, car il connaissait trop bien son énergie devant le devoir. Au moins, je ne trouverais pas entre nous cette religion qui vous rend si follement intransigeante, si odieusement cruelle !

Elle l'interrompit d'un geste indigné.

– Gilles, vous blasphémez !

Il passa la main sur son front crispé.

– Pardon ! je ne sais plus ce que je dis ! Vous me rendez fou ! Mais vous aurez pitié de moi, dites ? Je ne pourrais vivre sans vous, ma lumière, sans vous qui avez su me rendre moins mauvais ! Si vous vous retiriez, je retomberais dans des ténèbres pires encore qu'auparavant. Songez-y, vous avez une tâche à remplir près de moi, vous avez une âme à sauver.

Il pensait toucher le point vulnérable ; il crut avoir vaincu en remarquant une hésitation douloureuse dans les yeux qui se détournaient un peu de son regard suppliant...

Dans le cœur broyé de Pasca, une lutte brève se livrait en effet. Un instant, l'incertitude de son devoir réel flotta en elle. Mais tout aussitôt, elle se reprit :

– Dieu n'a jamais mis le salut d'une âme au prix d'une compromission de conscience ! dit-elle fermement.

Tout le visage de Gilles se crispa.

– Ah ! vous m'avez trompé aussi, vous, en me faisant croire, hier, que vous m'aimiez ! dit-il d'un ton de sourde violence. Si cela était, vous ne me martyriseriez pas ainsi !

Le teint de la jeune fille, empourpré par l'émotion, devint subitement presque livide. Sans répondre, sans le regarder, elle fit un mouvement pour gagner la porte. Mais il s'avança, lui saisit la main entre ses doigts glacés, l'enveloppa d'un regard de prière passionnée...

– Pasca, je vous en supplie !... Ne brisez pas ma vie. Dites-moi au moins un mot d'espoir !

Cette fois, les yeux noirs se posèrent sur lui, doux et navrés, pleins d'une désolation sans bornes. La voix de Pasca dit nettement, en dépit du frisson de douleur qui agitait la jeune fille des pieds à la tête :

– Je vous aimais et j'avais confiance en vous. Or, cette confiance est morte. Vous l'avez tuée, Gilles.

Les doigts qui retenaient sa main se desserrèrent, M. de Cesbres se recula un peu... Et elle sortit en emportant la vision de ce visage blêmi, de ces yeux désespérés ; elle alla de nouveau se jeter au pied de son crucifix pour demander la force de résister à l'impulsion de son pauvre cœur brisé, qui voulait la faire revenir en arrière vers cet être pour qui, elle le sentait, elle aurait volontiers donné sa vie, si, à ce prix, elle avait pu lui épargner cette souffrance.

... Depuis combien de temps Gilles était-il là, appuyé contre une paroi du jardin d'hiver, son front brûlant comprimé entre ses doigts ? Il ne se rendait pas compte que l'heure s'écoulait, il s'abîmait dans l'effondrement de son rêve d'amour, dans la pensée atroce que tout était fini, puisque la confiance de Pasca était morte...

Fini ! fini ! Il ne la verrait plus, cette créature idéale qui avait réveillé son âme blasée. Il ne pourrait plus chercher le rayonnement du bien et de la vérité dans ces yeux admirables, si droits et si purs. De nouveau, il était jeté seul dans l'existence, après avoir entrevu un éden ravissant.

Jamais encore, comme en ce moment, Gilles n'avait compris à quel point Pasca s'était emparée de son cœur. Il se faisait en lui un déchirement si affreux qu'il ne se sentait pas la force de bouger, de s'éloigner...

Une porte s'ouvrit doucement, non loin de lui, une mince silhouette vêtue de blanc s'encadra dans l'ouverture, puis se recula vivement en l'apercevant...

Mais il la vit et bondit vers elle...

– Ah ! c'est vous, maudite ?... Vous qui lui avez appris ?

Il avait saisi le poignet de Matty et couvrait d'un coup d'œil de fureur méprisante le visage blême où luisaient des yeux bleu de roi.

Un frisson secoua la jeune fille. Mais son regard brava M. de Cesbres...

– Eh bien ! moi ou d'autres ? Elle l'aurait su toujours !... Et puis, je ne pouvais penser que vous cachiez quelque chose à une fiancée adorée.

Les doigts de Gilles s'enfoncèrent dans son poignet.

– Serpent ! Misérable jalouse ! Tenez, si je m'écoutais, je vous briserais là, je vous écraserais comme une vipère que vous êtes !

– Faites-le !... Faites-le donc ! dit-elle d'une voix rauque. Tuez-moi, Gilles, vous me rendrez service, car la vie est trop lourde pour moi !

– Non, je ne vous tuerai pas ! J'aime mieux vous laisser souffrir, en vous disant que, maintenant, ce n'est plus seulement de l'indifférence que j'ai pour vous, mais de la haine. Vous entendez ? Je vous hais et je vous méprise, Matty !

Pendant quelques secondes, il parut contempler avec une sorte de joie mauvaise l'altération du pâle visage de Matty, le tremblement de ses lèvres, le désespoir suppliant qui s'exprimait dans son regard. Puis, lâchant son poignet, il sortit du jardin d'hiver.

Chapitre 13

Matty demeura un moment immobile, prêtant l'oreille comme si elle eût voulu suivre jusqu'au dernier instant le bruit de ses pas. Tout à coup, elle porta les mains à son front en laissant échapper un gémissement et s'écroula sur le sol dallé.

Ce fut là que Mrs Smeeton la trouva, un quart d'heure plus tard. Aux cris de la dame de compagnie, M. de Combayre et Pasca accoururent. On transporta la jeune fille sur son lit et on manda en hâte le médecin. Mais quand celui-ci l'eût rappelée à la vie, il diagnostiqua aussitôt une fièvre cérébrale.

Il fallut appeler une garde-malade, car Matty, dans son affreux délire, repoussait les soins de Pasca, dont la seule présence dans sa chambre augmentait son agitation. Sans cesse, un nom revenait sur ses lèvres, à certains moments prononcé par une douceur plaintive, à d'autres jeté en exclamation désespérée :

– Gilles !... Gilles !

Dès le second jour, il parut certain qu'elle était perdue. Les médecins appelés en consultation n'osèrent prononcer un mot d'espoir, jugeant préférable de préparer ainsi le malheureux père au coup qui allait le frapper.

Elle mourut sans avoir eu un moment de connaissance, au milieu d'une crise terrible pendant laquelle elle ne cessa de crier les noms de Gilles et de Pasca. En vain, sa sœur et la religieuse garde-malade avaient-elles guetté un instant lucide pour essayer de ramener la pensée de Dieu dans cette pauvre âme, égarée par la faute de l'éducation reçue. Il ne restait qu'à espérer dans la miséricorde divine, qui saurait établir la part de responsabilité de chacun.

L'épreuve était terrible pour M. de Combayre. Devant son enfant morte, il oubliait tous les défauts qui l'avaient fait souffrir et ne songeait qu'aux rares moments où elle se montrait pour lui moins désagréable. Pendant huit jours, il demeura comme abruti, recevant machinalement les soins dévoués et discrets de Pasca.

Renfermant en elle la plaie toute vive encore de son cœur, la jeune fille se donnait tout entière à son père. Cette tâche lui épargnait des retours trop fréquents sur la terrible désillusion qui l'avait atteinte, sur la souffrance qui, à certains instants, ne pouvait être calmée que par un cri d'appel vers Dieu, par un acte d'abandon et de sacrifice.

– Seigneur, que je souffre, moi, mais que « lui » soit sauvé !

Elle n'avait pas revu Gilles. Il n'avait même pas assisté aux funérailles de Matty, et Pasca, dans la solitude où se refermait M. de Combayre, n'entendait plus parler de lui. Qu'allait-il devenir ? Aurait-il un jour la loyauté et le courage de reconnaître que sa cousine avait raison en lui montrant où se trouvait pour lui le devoir ?

Hélas ! elle avait compris l'autre jour que la vérité n'avait eu jusqu'ici qu'un bien faible accès dans son âme et que c'était surtout par amour pour elle qu'il avait cherché à devenir meilleur.

Que ferait-il, maintenant que Pasca était perdue pour lui ?

C'était là l'épreuve, pour cette âme que la jeune fille avait devinée singulièrement entière et passionnée, et c'était pour le triomphe du surnaturel sur les sentiments tout terrestres qu'elle offrait ses larmes et la torture secrète de ce cœur qu'elle avait donné en toute confiance à Gilles de Cesbres, si peu de temps auparavant.

Un matin, le médecin, en sortant de la chambre de M. de Combayre qu'il venait voir tous les deux jours, ne cacha pas à la jeune fille l'inquiétude que lui donnait la prostration dont on ne pouvait tirer le baron et émit l'idée qu'un changement d'air et de milieu pourrait être favorable.

Il s'agissait d'y décider M. de Combayre. Tout d'abord, il refusa énergiquement.

– Non ! non ! je veux rester ici ! C'est là qu'elle a vécu, ma petite Matty. Ailleurs, je ne la verrais pas comme ici.

Patiemment, Pasca revint encore à la charge, mais en vain. Enfin, elle dit un jour résolument :

– Mon père, le docteur assure que j'ai besoin de changer d'air, car je deviens anémique. Ne voulez-vous pas que nous allions passer quelque temps à Menafi ?

Il leva les yeux et la regarda attentivement.

– C'est vrai, ma pauvre enfant, tu as bien mauvaise mine ! Pardonne-moi, j'étais si absorbé dans mon chagrin que je ne remarquais rien... Tu te fatigues à me soigner... Et puis, il y a autre chose, n'est-ce pas ?... Que devient Gilles ?

Elle répondit en essayant de réprimer le tremblement de sa voix :

– Je ne sais, mon père. J'ai rompu avec lui et ne l'ai plus revu depuis lors.

– Ah ! tu as tenu quand même ? C'est dommage, car il aurait pu te rendre heureuse et tu ne retrouveras peut-être pas d'ici longtemps un parti réunissant comme celui-là tous les avantages.

– Oh ! c'est assez d'une expérience de ce genre ! murmura-t-elle, avec un geste de protestation douloureuse.

Huit jours plus tard, M. de Combayre et sa fille quittaient Paris, emmenant un seul domestique pour le service du baron, Pasca comptant trouver à Menafi une servante et voulant, d'ailleurs, s'occuper beaucoup elle-même, afin de chasser les souvenirs trop tenaces et d'endormir sa souffrance.

Chapitre 14

En revenant de l'hôtel de Combayre, Gilles était rentré chez lui, à demi fou de douleur, et s'était enfermé dans sa chambre. Pendant deux jours, il ne sortit pas de chez lui. Sombre et taciturne, il demeurait inactif dans son cabinet de travail, s'enfonçant dans son âpre douleur, se remémorant avec une sorte d'amère jouissance le souvenir de ces heures où il avait vu Pasca assise là, illuminant la grande pièce de sa beauté ravissante et du doux rayonnement de ses grands yeux.

Peu à peu, un sentiment nouveau surgissait en lui : une exaspération sourde et furieuse contre cette jeune créature intransigeante, qui n'avait pas craint de fouler aux pieds l'ardent amour dont débordait le cœur de Gilles, pour accomplir ce qu'elle appelait follement son devoir. Et de ce sentiment en naquit presque aussitôt un autre : le désir infernal de se venger, de la faire souffrir à son tour.

« Ah ! vous m'avez repoussé, vous avez dédaigné toutes mes supplications ! songea-t-il. Eh bien ! vous aurez le plaisir d'avoir fait de moi un réprouvé, dont le suprême bonheur sera d'entraîner d'autres âmes avec lui dans l'abîme. »

On vit reparaître dans le monde un Gilles de Cesbres cent fois plus caustique, plus cruellement railleur et insouciant qu'il ne l'avait jamais été, et dont les folies, pendant plusieurs mois, défrayèrent les conversations du Tout-Paris. En même temps, il brûlait la pièce commencée sous l'inspiration de Pasca et en mettait en train une autre, où il accumulait, avec une sorte de frénésie diabolique, tout ce qu'il savait devoir faire bondir de douleur le cœur de sa cousine.

L'esprit du mal livrait contre cette âme un suprême assaut et la conquête semblait assurée cette fois.

Pourtant, Gilles avait de brusques accès de lassitude pendant lesquels, écœuré de tout et surtout de lui-même, il s'enfermait en refusant de recevoir personne. Mais, en ces moments mêmes, son âpre ressentiment contre Pasca ne faisait que s'exaspérer, car elle était la cause de cette amertume atroce qui le poursuivait partout et, à certains instants, le poussait impérieusement à rechercher la solitude absolue.

Un soir, la pensée du suicide se présenta à lui, et il ne la repoussa pas.

« Ce serait une solution. J'en ai assez, j'en ai trop de la vie, qui est stupide. »

Son valet de chambre entra en ce moment et lui présenta une lettre qu'on venait d'apporter. Distraitement, il la décacheta. Le vieil artiste, dont il avait naguère parlé à Pasca, lui faisait dire qu'il était mourant et serait heureux de le voir une dernière fois.

Gilles l'avait complètement négligé depuis plusieurs mois. Et aujourd'hui encore, après un bref : « Tiens ! ce pauvre vieux ! », il jeta la lettre sur la table en murmurant, avec un léger mouvement d'épaules :

– Qu'est-ce que ma présence pourra lui faire ! Pauvre homme ! Je n'ai pas une parole d'espérance à lui dire... Et, du reste, je ne m'intéresse plus à personne.

Cependant, cette nuit-là, il rêva du vieil Hervé Barnellec, qui le regardait de ses bons yeux pâlis et l'appelait doucement : « Venez donc, mon petit enfant !... » Et le lendemain matin, en retrouvant sous sa main le court billet que le mourant lui avait fait écrire, il songea :

« Après tout, je peux bien aller le voir ! Si cela lui fait plaisir ! »

Vers dix heures, son coupé l'emmena vers le quartier des Batignolles, où logeait le vieil artiste ruiné, dans un petit appartement dont le loyer était discrètement payé par M. de Cesbres. La garde-malade vint ouvrir au jeune homme et l'introduisit dans la modeste chambre où s'éteignait doucement Hervé Barnellec.

Chapitre 14

À la vue de Gilles, un rayon de joie éclaira le visage du mourant – un visage flétri, couleur de cire jaune, que terminait une soyeuse barbe blanche qui avait été en ces dernières années la coquetterie du vieillard.

M. de Cesbres s'approcha et, se courbant sur le lit étroit et bas, prit une des mains ridées que l'approche de la mort glaçait déjà.

– Mon vieil ami, combien je regrette d'avoir été si négligent depuis quelque temps !

– Oui !... c'était long sans vous voir, dit la voix éteinte du vieillard. Tous les jours, j'espérais... Je vous aime bien, vous êtes bon !...

Le visage de Gilles, un instant ému à la vue du mourant, se durcit subitement.

– Non, je ne suis pas bon ! Vous vous trompez, monsieur Barnellec ; je suis mauvais, très mauvais.

La main du vieil artiste, se soulevant péniblement, se posa sur la poitrine de M. de Cesbres.

– Le fond est bon, là !... Vous m'avez un peu aimé. Merci... Maintenant, je pars. Dieu m'attend. J'ai fait bien des chutes dans ma vie, mais je me suis rappelé ces temps derniers ce qu'on m'avait appris, quand j'étais enfant. Le prêtre est venu, et je suis prêt.

Il se tut, et, pendant quelques instants, le tic-tac de la pendule rompit seul le silence de la petite chambre sommairement meublée.

Gilles s'était assis et considérait pensivement le vieillard. Il enviait cet homme, parvenu au terme de sa course, et qui s'en allait avec tant de sérénité, avec la certitude de trouver au-delà un juge miséricordieux, parce qu'un prêtre avait prononcé sur lui les paroles qui purifient l'âme coupable. Ce pécheur, qui avait si longtemps oublié le Dieu de son baptême, possédait maintenant la même foi simple et confiante que les âmes pures – que l'âme de Pasca, par exemple.

Quelque chose s'agita en Gilles, comme chaque fois que ce souvenir lui revenait. Et il lui revenait sans cesse, surtout aux moments où il se sentait plus mauvais. Alors, il croyait voir se fixer sur lui les yeux sévères et navrés, il lui semblait qu'une voix désolée murmurait à son oreille : « Gilles !... Gilles !... » Mais il se raidissait, écoutant l'autre voix qui ricanait en lui-même : « Fais-la souffrir, venge-toi en perdant ton âme, si tant est que tu aies une âme. »

Une porte s'ouvrit à ce moment, un prêtre entra doucement et s'avança vers le lit.

Gilles se leva et lui rendit son salut. Les yeux du vieillard, déjà presque voilés, se tournèrent vers l'arrivant, qui se courbait sur sa couche.

– Merci... Bénissez-moi... J'ai confiance.

La main du prêtre se leva au-dessus de la tête blanche.

– Oui, que Dieu vous bénisse et qu'il vous reçoive dans son éternel repos, vous qui êtes revenu à Lui ! Abandonnez-vous à ce Dieu infiniment bon, qui accueille avec tant de miséricordieuse allégresse les pécheurs repentants. Ne craignez rien, car Il a eu pitié de vous et Il vous aime.

– Je ne crains pas... J'ai confiance... Monsieur de Cesbres ?...

Ses yeux qui ne voyaient presque plus se tournaient vers Gilles. À ce nom bien connu, le prêtre regarda celui qui se tenait près de lui et une vive surprise se refléta sur sa physionomie. Évidemment, il ne s'attendait guère à trouver près du lit d'agonie d'un pauvre vieil artiste l'écrivain sceptique, dont la réputation d'égoïsme et de dédaigneuse insouciance n'était plus à faire.

Gilles se pencha vers le mourant, lui prit la main en demandant avec douceur :

– Que voulez-vous, mon vieil ami ?

– Vous dire... Mon petit enfant, soyez bon... et faites votre devoir. Moi, je ne l'ai pas fait toujours...

Les mots sortaient presque indistincts de ses lèvres. Il murmura encore :

– Dieu ! Je crois !

Une contraction légère passa sur son visage, tordit un peu sa bouche, sur laquelle le prêtre appuyait le crucifix. En un souffle presque imperceptible, la vie s'échappa de ce corps nonagénaire.

Le prêtre lui ferma les yeux, mit un baiser sur le front glacé ; puis, se redressant, il regarda Gilles.

En entendant les paroles du vieillard qui s'appliquaient si bien à son état d'âme, – comme si Hervé Barnellec avait eu en ce dernier instant l'intuition de ce qui se passait en son jeune ami, – M. de Cesbres n'avait pu réprimer un tressaillement. Sur sa physionomie s'exprimait une émotion violente. Un long moment, il demeura immobile, contemplant le corps maintenant sans vie. Puis il se détourna un peu et rencontra le regard du prêtre, un regard droit et grave où se lisait l'intelligence profonde et observatrice.

– Il est heureux d'en avoir fini avec la vie ! dit-il.

– Oui, parce qu'il est parti en paix, réconcilié avec le Dieu qu'il avait trop longtemps oublié. C'est une belle mort que celle du pécheur repentant !... Vous étiez son ami, monsieur ?

– Oui, voici nombre d'années que je venais le voir... Vous chargeriez-vous, monsieur l'abbé, de lui faire faire un enterrement convenable dont je solderai tous les frais ?

– Certainement, monsieur, je vais m'en occuper, puisque le pauvre homme n'a plus de famille.

M. de Cesbres remit sa carte au prêtre, puis, s'inclinant vers le lit, il posa, lui aussi, ses lèvres sur le front du mort.

Il sortit de l'humble chambre dans une disposition d'esprit singulière. Le subtil analyste des sentiments d'autrui ne pouvait s'expliquer ce qui se passait en lui. Comment la mort si paisible, si simple de ce vieillard avait-elle pu lui étreindre le cœur d'une aussi intense émotion ? Était-ce donc cette simplicité, ce calme serein, cette douce confiance de la brebis rentrant au bercail qui donnaient à son âme révoltée cette impression bizarre, où se mélangeaient l'amertume et une sorte d'apaisement, de vague espérance ?

En rentrant chez lui, il trouva une lettre sur son bureau. Effleurant d'un regard distrait la suscription tracée d'une écriture féminine très tremblée, il la décacheta et lut :

« Pardonnez-moi, Gilles, de venir tenter cette démarche près de vous ! Je suis très malade, mes forces s'en vont de jour en jour. Peu m'importerait la mort, puisque je ne vous ai plus, si ce n'était ma petite Kaja, « notre » Kaja, Gilles ! Oh ! ma mignonne chérie ! Quand je pense que je devrai la laisser seule ! Qui s'en occupera ?

« Sera-ce vous ? Mais vous n'avez jamais voulu la connaître. Elle est si gentille cependant, et si douce, et si tendre ! Elle a vos yeux, vos traits et, quand elle est maussade, ce certain pli des lèvres qui annonçait chez vous un peu de mauvaise humeur contre votre pauvre Thyra. Mais sa santé est très fragile et il lui faut beaucoup de soins, beaucoup d'affection. Qui lui en donnera quand je ne serai plus là ?

« Gilles, par pitié, songez que vous êtes père ! Venez voir votre enfant, venez me dire qu'après moi vous l'aimerez et me remplacerez près d'elle ! Soyez bon et oubliez les torts que j'ai pu avoir envers vous, moi qui vous aime toujours !

« Thyra. »

Les dernières phrases étaient à peine lisibles. Évidemment, la jeune femme avait eu une peine infinie à écrire ces lignes, tant à cause de sa presque cécité que de la faiblesse causée par la maladie.

Le visage de Gilles se crispa violemment. D'un geste irrité, il jeta la lettre au loin.

– Que lui prend-il ? Il n'y a plus rien de commun entre nous... L'enfant ? Je la mettrai dans une pension ; elle s'élèvera comme tant d'autres dont les parents ne se soucient pas. Mais quant à m'en occuper !... Il faut que sa mère soit folle pour avoir eu cette idée-là.

– Monsieur le vicomte est servi, vint annoncer à ce moment le valet de chambre.

Gilles passa dans la salle à manger, mais il toucha à peine aux mets qui lui furent présentés. Il se sentait singulièrement énervé. La coïncidence de cet appel, venant aussitôt après les paroles du vieil artiste mourant, ne pouvait manquer de le frapper. Puis, tout au fond de lui-même, dans ce secret du cœur où la révolte et la rancune n'avaient pu tuer tous les bons sentiments, quelque chose avait été touché par l'inquiétude maternelle qui inspirait cette démarche de Thyra près de celui dont elle connaissait trop bien la glaciale indifférence.

Pourtant, Gilles ne répondit pas à cette lettre et, pour endormir le remords qui voulait s'insinuer en lui, il chercha de plus belle à s'étourdir dans les plaisirs, dans les voyages, dans les séjours chez les châtelains de l'aristocratie ou du monde des lettres. Il chassait, il flirtait, il accomplissait d'invraisemblables randonnées en automobile, le tout avec une égale fureur.

Et, malgré tout, sans cesse revenaient à son esprit les paroles de Pasca, lui montrant son devoir, et celles d'Hervé Barnellec, et l'appel anxieux de Thyra.

Chapitre 14

Alors, il essaya d'un autre moyen. Consignant sa porte, il se plongea dans un travail acharné. Mais, là encore, les pensées importunes le poursuivaient.

L'idée du suicide lui revint alors. Ce fut un après-midi de fin d'automne. La pluie tombait, fine comme un brouillard et presque tiède. Gilles, étendu sur un divan dans son cabinet, songea :

« Tout à l'heure, je me ferai sauter la cervelle. J'en ai assez de tout... Je voudrais seulement savoir ce que dira Pasca en apprenant la nouvelle. »

Et, tout à coup, saisi d'horreur contre lui-même, il murmura :

« Je suis odieux ! Pauvre Pasca ! Si, au contraire, je pouvais lui cacher cela ? Mais, avec les journaux, c'est impossible... »

À la seule évocation de Pasca, voici que les souvenirs tenaces reparaissaient. Avec une netteté extraordinaire, sa mémoire lui représentait la foi si profonde de sa cousine, qu'elle ne craignait pas de montrer devant lui, les paroles prononcées par elle, les ouvrages de grande envolée chrétienne et de solide doctrine qu'il avait lus, lorsque, songeant à lui demander de devenir sa femme, il avait voulu commencer à s'instruire dans cette religion qui, seule, l'aurait rapproché complètement d'elle.

Et ces souvenirs montaient à l'assaut de son âme, où venait de se décider le crime contre lui-même.

À certains moments, il avait senti la foi prête à pénétrer en lui. Pour être sincère avec sa conscience, il devait reconnaître que la croyance à l'existence de Dieu et à une vie au-delà de la tombe ne l'avait pas quitté. À certains instants de sa vie, par orgueil, par insouciance, par défi, il avait pu prétendre nier l'une et l'autre, cherchant à se tromper sans y parvenir réellement. Aujourd'hui même, tandis qu'il envisageait avec une apparente tranquillité la perspective de la mort, volontaire, il sentait au fond de son âme une sorte d'étrange frémissement, car il « savait » que le Juge l'attendait.

Pourquoi donc, s'il n'y avait pas cru, aurait-il, depuis plusieurs mois, bravé et haï ce Dieu qui régnait sur la conscience de Pasca et pour qui elle l'avait abandonné ?

« Oui, je crois !... je crois comme jamais je n'ai cru, mais à la manière des démons. Je crois et je hais ! »

Il lui sembla qu'une voix répliquait au fond de son cœur : « Ce n'est pas vrai ! Tu cherches à haïr parce que tu as peur d'aimer ! »

Il se leva brusquement et alla à son bureau. Dans un tiroir, il prit une boîte de palissandre qu'il ouvrit. Deux revolvers étaient couchés là, sur le cuir vert bronzé. Il les examina, en choisit un et le posa sur le bureau. Puis, s'asseyant, il se mit en devoir de faire un rangement dans ses papiers.

On frappa en ce moment à la porte et le valet de chambre annonça :

– Une femme vient d'amener une petite fille qui demande à voir Monsieur le vicomte.

Gilles se retourna vivement.

– Une petite fille ?... Qu'est-ce que j'ai à faire avec une petite...

Il s'interrompit soudain.

– Aurait-elle osé ? murmura-t-il avec colère.

Et, tout haut, il ordonna :

– Renvoyez cette enfant en lui disant que je ne puis la recevoir.

– Mais la femme qui l'accompagnait est partie, Monsieur le vicomte, en disant que, si l'enfant n'était pas rentrée à six heures, elle viendrait la chercher.

Une légère rougeur d'irritation monta aux joues de Gilles.

– C'est trop fort ! Quelle comédie ! Faites-en ce que vous voudrez, Antonin, menez-la à la cuisine...

Mais il n'acheva pas. Subitement, tout l'odieux de sa conduite lui apparaissait et un véritable sentiment de honte le serra au cœur.

– Non, faites-la entrer ici, dit-il d'un ton bref.

Il se leva et s'avança vers la porte, juste au moment où s'y encadrait une enfantine silhouette, vêtue de blanc. Il vit se lever sur lui deux grands yeux pleins d'effroi, tandis que la petite créature s'immobilisait, toute raidie.

– Qui êtes-vous ? Que voulez-vous ? dit-il froidement.

Une voix presque indistincte murmura :

– Je suis Kaja-Gillette de Cesbres, et maman m'envoie pour voir mon papa.

Gilles s'aperçut alors que la pauvre petite tremblait convulsivement et que son délicat visage était blême de terreur. Un mystérieux bouleversement se fit soudain en lui. Devant cette enfant, – son enfant, – il sentit sourdre en son cœur l'instinct paternel. D'un mouvement vif, il se pencha et attira Kaja contre lui.

– Avez-vous donc peur de moi, que vous tremblez ainsi ? demanda-t-il avec douceur.

– Oui... je ne vous connais pas et je ne voulais pas venir. Mais maman m'a dit que papa était très bon... C'est vous qui êtes papa, monsieur ?

– Oui, c'est moi. Je ne vous ferai pas de mal, soyez sans crainte. Venez vous asseoir, Kaja, je vais vous faire servir quelque chose pour calmer votre émotion.

Il installa la petite fille sur le divan où il était étendu tout à l'heure, puis sonna pour faire apporter des biscuits et du vin d'Espagne. Cela fait, il s'assit près de l'enfant, dont les yeux, un peu rassurés maintenant, ne le quittaient pas.

– Alors, vous avez désiré me connaître, Kaja ? dit-il en passant sa main sur la soyeuse chevelure blonde.

L'enfant secoua négativement la tête.

– Non, c'est maman qui a voulu... Moi, j'avais peur.

– Pourquoi ?

Kaja rougit un peu et baissa le nez en murmurant :

– Je pensais que vous étiez très méchant, parce que vous ne veniez jamais nous voir, et puis que maman pleurait beaucoup quand elle regardait quelquefois, le soir, votre petit portrait qu'elle porte toujours sur elle.

Une brève lueur d'émotion passa dans le regard de Gilles. Quoi qu'il en eût, il se sentait touché par la constance de cet amour et par les larmes versées sur son souvenir.

– Vous voyez que je ne suis pas si terrible ? dit-il avec un sourire contraint.

– Oh ! non, maintenant, je vous aime bien !

Elle se soulevait un peu sur le divan pour approcher timidement son front des lèvres de Gilles. Il y mit un baiser en souriant aux yeux bruns, confiants et tendres.

– Vous êtes très gentille, Kaja, et, moi aussi, je vous aime déjà.

– Oh ! papa, dit-elle d'un air ravi. Comme maman va être heureuse !... Mais vous viendrez la voir, maintenant, dites ?

Le visage de Gilles se fit soudain dur et glacé.

– Cela, non ! Vous viendrez ici, Kaja, de temps à autre, mais toute seule. Je vous ferai chercher en voiture et vous passerez quelques heures avec moi.

Une sorte d'effarement traversa les yeux de l'enfant.

– Vous ne voulez pas voir maman ? balbutia-t-elle.

Il eut un geste impatient.

– C'est impossible. Ne me parlez plus de cela... Allons, prenez de ces biscuits et de ce bon vin. Aimez-vous les gâteaux ?

– Beaucoup, papa.

– Quand vous viendrez déjeuner avec moi, je recommanderai à la cuisinière de vous en faire.

Il lui versa du vin dans le verre de fin cristal et essaya de lui faire manger un biscuit. Mais Kaja dit qu'elle ne pouvait pas, que sa gorge était trop serrée...

M. de Cesbres remarqua alors qu'elle avait les yeux pleins de larmes.

– Pourquoi pleurez-vous, petite Kaja ? demanda-t-il en lui prenant la main.

Cette fois, le cœur gonflé éclata, l'enfant se mit à sangloter.

Gilles la considérait, perplexe et très ému. Il n'était pas accoutumé aux enfants, qu'il n'avait jusque-là regardés que d'un œil indifférent. Cette explosion de chagrin le prenait au dépourvu. Mais elle ne le laissait pas insensible, loin de là. Un sentiment jusqu'alors inconnu, la tendresse paternelle, s'éveillait en son cœur.

Doucement, il entoura de son bras la tête blonde et l'attira contre sa poitrine.

– Dis-moi ce que tu as, ma mignonne. Qu'est-ce qui te fait pleurer ?

Les sanglots redoublèrent. Ils secouaient le frêle petit corps, et M. de Cesbres se sentit un peu inquiet, car il avait remarqué aussi combien Kaja était délicate.

– Voyons, ma chérie, calme-toi ! Tu me fais de la peine...

Ses doigts caressaient doucement la joue pâle, humide de pleurs, ses lèvres effleurèrent d'un baiser les cheveux blonds.

– Allons, c'est fini, je défends aux larmes de couler ! Il me faut un sourire, Kaja !... Vite, un sourire pour ton papa !

Les sanglots s'apaisèrent peu à peu, les larmes cessèrent, et Kaja ébaucha un joli sourire tremblant, en levant vers son père un regard encore mouillé, mais brillant de tendresse.

– À la bonne heure ! Comme cela, tu es ma gentille Kaja. Maintenant, tu vas me dire la cause de ce grand chagrin.

De nouveau, les coins de la petite bouche s'abaissèrent comme si les pleurs allaient recommencer.

– Mais c'est... parce que vous ne voulez pas venir avec nous, mon papa !

Une lueur d'impatience irritée traversa le regard de Gilles.

– Qu'est-ce que cela te fait ? Tu viendras me voir souvent, quand tu voudras ; je t'emmènerai passer quelque temps au bord de la mer, pendant l'été.

– Sans maman !... Oh ! non, non !

– Mais tu es à moi aussi, Kaja ! dit-il avec une sorte de violence contenue. Tu es à moi et j'ai le droit de te garder quelque temps.

Elle se pelotonna entre ses bras, en murmurant :

– Je suis à tous les deux.

M. de Cesbres eut un léger frémissement. Il demeura silencieux, les yeux à demi clos, le front barré d'un pli profond. Une lutte terrible se livrait dans son âme. Une fois de plus, son devoir venait de lui être montré, par la bouche naïve de son enfant. Mais son orgueil et son esprit d'indépendance se cabraient furieusement devant le sacrifice demandé.

En regardant Kaja, il s'aperçut tout à coup que ses joues étaient très rouges et, touchant ses mains, il vit qu'elles brûlaient.

– Qu'as-tu, ma chérie ? Te sens-tu souffrante ? interrogea-t-il avec inquiétude.

– C'est la fièvre. Je l'ai toujours quand j'ai du chagrin, papa.

– Il faudrait que tu rentres pour te coucher. Qui t'a amenée ici ?

– La femme de ménage. Elle doit revenir à six heures... à moins que...

Et tout à coup, se soulevant un peu, Kaja jeta ses bras autour du cou de son père.

– Papa, venez me conduire ! Venez voir maman, dites, mon papa !

Elle le regardait de ses beaux yeux implorants. Une soudaine irritation monta au cerveau de Gilles, une révolte suprême contre la voix du devoir bouillonna en lui. D'un mouvement brusque, il détacha les petits bras, mit l'enfant à terre et se leva...

– En voilà assez ! Il était inutile qu'on vous conseille toutes ces comédies, car je ne suis pas assez naïf pour m'y laisser prendre. Je vais vous faire reconduire et, réflexion faite, vous ne viendrez plus me voir. Je n'ai vraiment pas le temps de m'occuper de vous.

Le doux petit visage était devenu aussi blanc que le manteau de cygne qui habillait l'enfant ; les yeux bruns, dilatés par la stupéfaction et par l'effroi, se posaient sur la physionomie dure et irritée de M. de Cesbres. Il détourna son regard pour ne pas les voir, car il sentait son cœur frémir de tendresse et de compassion...

Il lui sembla alors que deux grands yeux noirs, sévères et tristes, s'arrêtaient sur lui. Tout le remords latent en son âme parut s'éveiller en cette minute sous une clarté soudaine et mystérieuse. En lui-même, il cria :

« Pasca, Pasca, le voulez-vous donc ? En serez-vous un peu consolée ? »

Et la voix si chère lui répondit :

« Faites votre devoir, car les éphémères joies de ce monde ne sont rien. Dieu seul peut nous donner le bonheur. »

Alors, il regarda Kaja. Une désolation sans nom s'exprimait sur cette physionomie d'enfant. Il se courba, l'enleva entre ses bras et la serra contre sa poitrine en baisant son petit visage blêmi.

– Je vais te reconduire moi-même, ma chérie et... nous tâcherons de nous arranger pour rester ensemble, maintenant.

– Papa ! Ah ! papa !

Il crut un moment qu'elle allait s'évanouir de bonheur. Mais, se remettant vite, elle le couvrit de caresses en l'appelant « mon papa chéri », et Gilles, le cœur dilaté par une impression très douce, songea que Pasca avait raison, et qu'en dépit du souvenir trop cher qui déchirait son cœur, le devoir accompli et les joies de la paternité pourraient lui rendre la vie moins amère.

En passant un instant plus tard devant son bureau, il vit le revolver préparé par lui. Un peu de rougeur lui monta au front. Maintenant, il avait conscience de toute la lâcheté de son acte et de l'horreur du crime prémédité. D'un geste brusque, il enfouit l'arme dans un tiroir, tout en songeant : « Dieu me pardonnera, je l'espère, car j'ai le regret profond de cet affreux dessein. »

Il ne niait plus Dieu, il avait trop bien senti tout à l'heure sa mystérieuse présence dans la lutte qui venait de se livrer en son âme et dont il sortait résolu et repentant.

... À ce même moment, à Menafi, dans la chapelle de la Madonna, Pasca priait et pleurait, offrant la secrète souffrance de son cœur pour le salut de l'âme tant aimée qui – elle ne l'ignorait pas – s'enfonçait dans la révolte et dans le mal.

Et quand elle se releva, il lui parut que la vieille Madonna de marbre lui souriait et que les roses tardives, presque sans parfum, exhalaient aujourd'hui une enivrante senteur.

Chapitre 15

Thyra attendait le retour de sa fille dans une angoisse indescriptible. En un de ces moments d'exaltation dont elle était coutumière, elle avait envoyé Kaja chez son père, avec l'espoir que le charme de l'enfant attendrirait le cœur de Gilles. Mais à peine la petite fille était-elle partie depuis cinq minutes qu'elle aurait voulu la rappeler. Que deviendrait la pauvre petite, tellement impressionnable, si M. de Cesbres lui faisait un accueil irrité ou glacial ?... Et même n'irait-il pas plus loin ?... L'imagination de Thyra voyait déjà sa chérie mise à la porte, comme une étrangère, et s'en allant seule, égarée dans ce Paris qu'elle ne connaissait pas.

« Il sera fâché contre moi ! Il ne voudra pas la recevoir ! songeait Thyra en se tordant les mains. Qu'ai-je été faire là ?... Mais j'étais si désespérée de ne pas recevoir de réponse ! Kaja ! ma Kaja ! »

En dépit de la faiblesse qui la retenait au lit depuis bien des jours, elle songeait déjà à se lever, à faire venir une voiture et à s'en aller coûte que coûte chez M. de Cesbres. Là, si elle ne trouvait pas l'enfant, elle partirait à sa recherche... Où ?... Elle n'en savait rien, mais elle la retrouverait, sa petite bien-aimée, son trésor, sa seule consolation !

Par instants, elle se calmait un peu et essayait de se raisonner. Gilles n'était pas si mauvais pour commettre une action de ce genre. S'il avait été dur et indifférent pour sa femme, s'il avait repoussé impitoyablement les supplications qu'elle lui adressait afin qu'il retirât sa demande en divorce, il avait du moins toujours conservé les formes d'une stricte courtoisie, et, lors même des scènes qu'elle lui faisait, n'avait jamais ébauché un geste tant soit peu violent. Sa glaciale raillerie semblait, il est vrai, pire que tout à Thyra. Mais il n'aurait pas occasion d'en user avec l'enfant. En admettant qu'il l'accueillît avec froideur, il aurait pitié de la douce petite créature et la ferait simplement reconduire à sa mère.

Mais un instant après, la terrible anxiété revenait, l'imagination malade battait de nouveau la campagne, et la pauvre femme songeait : « Il va falloir que je me lève !... Je me traînerai comme je pourrai... »

Elle se trouvait au paroxysme de cette agitation fébrile, lorsque la sonnette retentit. Elle se redressa sur son lit, haletante.

« Si c'était elle !... Et avec lui !... »

Elle prêta l'oreille. La bonne ouvrait la porte... L'ouïe de Thyra, très développée par sa presque cécité, perçut un pas viril...

« Serait-ce lui, vraiment ?... Gilles, mon Gilles !... »

La porte de sa chambre s'ouvrit, Kaja se précipita vers le lit...

– Maman, voilà papa !... cria la petite voix triomphante.

Thyra esquissa le geste de tendre les bras vers la silhouette masculine qui s'encadrait dans l'ouverture de la porte. Mais elle les laissa retomber. Elle savait trop bien avec quelle ironique impatience Gilles repoussait naguère les élans de tendresse de sa nature expansive !

L'œil observateur qui eût regardé en ce moment M. de Cesbres n'aurait pas manqué de remarquer que tout son être semblait se raidir, tandis qu'il s'avançait vers la jeune femme. De fait, il accomplissait en ce moment un héroïque effort, car, en lui, l'orgueil et le cœur s'insurgeaient violemment contre l'acte de réparation et le sacrifice qu'il venait accomplir ici.

– Je vous ramène notre fille, Thyra, dit-il d'une voix qu'il essayait de raffermir.

– Oh ! Gilles, merci !

Chapitre 15

Sous l'excès de la surprise et du bonheur, elle défaillait, et Gilles, inquiet, étendait déjà la main vers une sonnette. Mais elle se remit un peu et l'arrêta du geste.

– Non... cela va passer... Mais je suis si heureuse !

Il la considérait avec une surprise pleine de compassion. Tandis que lui, à trente et un ans, conservait tout le charme et l'apparence de la jeunesse qu'il possédait à l'époque où il s'était uni à Thyra Halner, celle-ci, du même âge que lui, semblait déjà usée.

Son visage émacié et flétri portait les traces de la souffrance, et ses cheveux blonds devenus très rares, prenaient une teinte jaunâtre. Sans avoir été positivement jolie, elle avait eu autrefois un certain charme, grâce à l'extrême délicatesse de son teint et à la vivacité d'expression de ses yeux bleus. Mais, maintenant, le teint avait pris une nuance de vieil ivoire et les pauvres yeux, ternis, n'avaient plus qu'un regard incertain.

Elle eut conscience de l'examen discret dont elle était l'objet, et sa bouche eut une petite crispation douloureuse.

– Je suis bien changée, n'est-ce pas ? dit-elle d'une voix étouffée. J'ai tant souffert !

Elle levait les yeux vers lui, essayant avidement de saisir une impression sur cette physionomie impénétrable qu'elle connaissait si bien. Mais le jour tombait, et sa vue était trop affaiblie pour qu'elle pût rien distinguer.

Une émotion profonde étreignait M. de Cesbres. Dans l'état d'esprit où il se trouvait, rien n'était plus capable de le ramener vers Thyra que la vue du changement qui s'était produit chez elle, et dont il était en grande partie la cause.

Il se pencha et lui prit la main.

– Pardon, Thyra ! dit-il avec douceur. J'ai été impatient et injuste... Mais si vous le voulez, nous renouerons ce lien qui nous a unis naguère, et j'essaierai d'être pour vous un meilleur mari.

– Si je le veux !

Elle le regardait d'un air extasié.

– Mais à une condition, par exemple ! C'est que notre mariage sera béni par un prêtre catholique.

– Ce qu'il vous plaira, Gilles ! Mais êtes-vous donc devenu

pratiquant ?

– Non, pas encore. Mais peut-être un jour...

– Eh bien ! votre religion sera la mienne. Je veux avoir tout commun avec vous !

Il la retrouvait aussi exaltée, aussi irréfléchie qu'autrefois. Mais il ne ressentit pas l'impatience qu'il en éprouvait alors. La compassion et le regret de sa dureté passée l'inclinaient à la mansuétude envers la pauvre femme si profondément attachée à lui.

Kaja, jusque-là demeurée à l'écart, s'approcha doucement et, en un geste charmant, posa ses lèvres sur les mains unies de son père et de sa mère.

– Ma petite chérie ! murmura la jeune femme. Avez-vous vu comme elle vous ressemble ? Quand je la regardais, il me semblait vous voir... Mais, maintenant, je vous aurai aussi, Gilles... mon Gilles !

Elle prononça ces derniers mots timidement, comme si elle craignait encore de voir sur les lèvres de M. de Cesbres le sourire ironique qui l'avait souvent désespérée.

Mais elle crut de nouveau défaillir de bonheur en sentant sur sa main le frôlement d'une moustache soyeuse, en entendant la chère voix, grave et émue, lui dire :

– Oui, vous m'aurez désormais près de vous, Thyra, et à nous deux, nous élèverons notre petite Kaja.

Dans l'enivrement que lui causait le retour inespéré de l'époux bien-aimé, elle ne songea pas à rappeler sa maladie et ses craintes d'une mort prochaine. Elle-même l'oubliait maintenant. Elle ne voyait que « lui » et ne voulait songer qu'à « lui ».

Il s'était assis près de son lit et l'interrogeait sur le début de sa cécité, que les oculistes avaient déclarée sans remède. Il avait pris sur ses genoux Kaja, dont la petite tête s'appuyait câlinement contre sa poitrine.

– J'y vois encore un peu quand il fait grand jour ou qu'il y a beaucoup de lumière... Kaja, ma mignonne, va demander la lampe à Julienne.

L'enfant s'éloigna et revint peu après, précédant la bonne, qui posa la lampe demandée sur une table près du lit.

– Voulez-vous la lever un peu, Gilles, et la mettre de façon que je puisse distinguer votre visage ? demanda Thyra. Je veux voir si vous êtes changé.

– Voulez-vous la lever un peu, Gilles ? et la vive lumière éclaira en plein son visage sur lequel s'attachèrent les yeux de Thyra.

– Vous êtes toujours le même... vous êtes toujours jeune et charmeur ! murmura-t-elle d'un ton où se mélangeaient le bonheur et l'angoisse. Et moi, je suis vieillie, ma santé est ruinée...

Il posa vivement la lampe sur la table et lui prit la main.

– Je suis moralement beaucoup plus mûr que ceux de mon âge. Quant à votre santé, nous la soignerons bien, Kaja et moi... n'est-il pas vrai, mignonne ?

– Oh ! oui, papa ! Il faut que maman guérisse, pour que nous soyons tous bien heureux.

Thyra enveloppa Gilles d'un regard ravi.

– Heureuse, je le suis déjà. Jamais je n'aurais osé espérer ce bonheur !... Gilles, je ne vous ai pas oublié un instant. Voyez, j'ai continué à porter l'alliance et la bague que vous m'avez données au jour de nos fiançailles en me disant : « Puisque vous aimez le saphir, je vous en ai choisi un. »

Gilles devint très pâle ; il lui parut, pendant quelques secondes, qu'un étau lui serrait le cœur jusqu'à l'étouffer. En une soudaine vision, il se revit dans le jardin d'hiver de l'hôtel de Combayre, près de celle qui avait été, pendant vingt-quatre heures, sa fiancée. Il entendit la voix harmonieuse, à laquelle l'accent de Toscane prêtait un si grand charme, lui répondre : « J'aime beaucoup le saphir. »

Et il songea à l'émeraude superbe, choisie par lui avec amour, qui était maintenant enfouie dans un de ses tiroirs, – enfouie pour toujours.

Alors, une tentation terrible lui vint de s'enfuir, de laisser là celle qui le séparait de Pasca, et qui avait été la cause indirecte du mépris où le tenait sa cousine – car il ne doutait pas qu'elle le méprisât pour cette dissimulation, la seule cependant qu'il se fût permise à son égard.

Mais il vit le regard de cette femme et de cette enfant fixé sur lui avec une radieuse tendresse ; il songea qu'à défaut de bonheur personnel, il pourrait en donner à ces deux êtres faibles et souffrants. Sous un souffle de grande pitié, la tentation s'enfuit, la voix du devoir et de la réparation résonna seule aux oreilles de Gilles.

Et il pensa avec un mélange d'amertume et de douceur : « Pasca sera contente. »

Chapitre 16

Bien que M. de Cesbres eût habitué ceux qui le connaissaient à ses originalités et à ses décisions souvent quelque peu fantasques, ce remariage avec sa femme divorcée – qu'il n'avait jamais aimée, chacun le savait – excita chez tous la stupéfaction la plus complète. De plus, il parut fort étrange qu'un incroyant comme lui demandât cette fois, pour cette union, la bénédiction de l'Église. On fit maintes suppositions, et on finit par conclure que ses fiançailles rompues avec sa cousine lui avaient un peu tourné la tête, en le rendant plus original que jamais.

Gilles, dédaigneusement, laissait dire. Ainsi qu'il avait déclaré naguère à Pasca, il ne se souciait pas plus de l'opinion du monde pour le bien que pour le mal. Du moment où il était entré dans la bonne voie, il s'y engageait résolument, en se moquant du qu'en-dira-t-on.

Le sacrifice accompli en renouant avec Thyra le lien conjugal avait été pour lui le point de départ d'une existence nouvelle. Se rendant bien compte que, sans religion, il n'aurait pas la force nécessaire pour persévérer dans la réparation de ses torts, il s'était mis à l'étude avec la décision qu'il apportait généralement à tous ses actes, bons ou mauvais. Comme guide, il avait choisi ce prêtre rencontré naguère près du lit de mort d'Hervé Barnellec, et dont le regard loyal et intelligent l'avait frappé.

Ne connaissant pas son nom, mais sachant qu'il faisait partie du clergé de Saint-Michel des Batignolles, il s'était rendu un matin à cette église, et Dieu avait permis qu'il arrivât précisément à l'heure où l'abbé Blanchet, premier vicaire, finissait de dire sa messe à l'une des chapelles latérales. Dans la sacristie, ils avaient eu une longue et cordiale conversation, et, depuis lors, ils se voyaient à intervalles assez rapprochés.

Chapitre 16

Une légère amélioration s'était produite dans la santé de Thyra, depuis le moment où elle était revenue chez son mari. Le médecin avait déclaré à M. de Cesbres qu'elle pouvait vivre encore quelques années, à condition de l'entourer de soins et de grands ménagements.

Gilles se montrait bon et prévenant ; il s'imposait l'obligation de rester souvent près d'elle pour la distraire dans son isolement de malade et ne repoussait plus les manifestations un peu exaltées de sa tendresse. Mais il n'y répondait pas, ou du moins pas comme l'aurait voulu Thyra. Sous ses manières tranquillement affectueuses, la jeune femme sentait l'effort. Avec un secret désespoir, elle avait vite compris qu'il agissait par devoir et que, pas plus qu'autrefois, elle ne possédait son cœur.

Comme jadis, la jalousie se remit à la torturer. L'expérience ne l'avait pas corrigée. Sans oser risquer des scènes, elle commença au bout de peu de temps à vouloir exercer une inquisition sur l'existence de Gilles. C'étaient des questions inquiètes, des soupirs, des larmes, tout le petit manège qui exacerbait les nerfs de M. de Cesbres. Pourtant, il feignit d'abord de ne pas s'en apercevoir. Mais il n'était encore qu'un néophyte et bientôt il s'impatienta, parla un peu durement, fit exprès des absences plus longues.

Thyra avait des crises de désespoir, et lui, au retour, la voyant plus affaiblie, était saisi de regret et se montrait plus affectueux, plus assidu près d'elle. Pendant quelques jours, tout allait bien ; puis, pour peu qu'il eût été retardé un soir, ou retenu à dîner, la pauvre femme recommençait.

Gilles n'aurait peut-être pas eu le courage de supporter ces premiers mois de vie commune, si Kaja n'avait été là. Il s'était pris d'une affection ardente pour l'enfant qui, de son côté, l'aimait avec une sorte de passion. La jugeant de trop faible santé pour l'envoyer encore suivre des cours, il la faisait instruire chez lui et surveillait lui-même son travail. Il la promenait en voiture, répondait complaisamment à toutes ses questions, s'intéressait à ses amusements...

– Je me suis découvert l'âme d'un père modèle, répondit-il un jour à Léon Body, qui s'étonnait, en entrant dans son cabinet, de trouver Kaja assise dans un angle de la pièce, entourée de toutes ses poupées.

Il faisait instruire l'enfant dans la religion catholique et veillait à ce que son institutrice la conduisît régulièrement au catéchisme. Thyra aussi, d'ailleurs, voulait devenir catholique, mais Gilles, persuadé qu'elle agissait sans conviction, et seulement pour lui plaire, se contentait pour le moment, sur le conseil de l'abbé Blanchet, de lui faire des lectures propres à l'éclairer et à surnaturaliser son désir.

Quant à lui, il était converti, la foi le pénétrait de plus en plus, et ce n'était pas là une des moindres surprises qu'il avait réservées à ceux qui le connaissaient.

La pièce, entreprise sous le vent du désespoir et de la révolte, avait été brûlée ; une autre, conforme aux nouvelles convictions de Gilles, était sur le chantier. Il y travaillait beaucoup, car il avait besoin d'occuper sa pensée qui, malgré lui, se reportait trop souvent encore vers cette période du passé, s'étendant de son séjour à Menafi jusqu'à la rupture de ses brèves fiançailles.

Il avait écrit un mot à M. de Combayre en lui annonçant la bénédiction religieuse de son mariage et en lui demandant d'en faire part à Pasca. Le baron répondit par quelques phrases de félicitations chaleureuses et émues, évidemment inspirées par sa fille, en ajoutant à la fin de sa lettre :

« Ma sainte enfant a beaucoup prié pour vous, et vous jugez de la consolation que cette nouvelle lui a apportée ! Mais elle n'en a pas été surprise, car elle était persuadée que vous aviez l'âme trop noble pour ne pas arriver enfin à accomplir votre devoir. »

Depuis lors, Gilles n'avait plus écrit à Menafi. Pasca était encore trop présente à son esprit et à son cœur pour qu'il n'évitât pas tout ce qui pouvait la lui rappeler plus fortement.

Un après-midi d'avril, en entrant inopinément chez lui, M. de Cesbres trouva dans son cabinet Thyra, penchée sur ses tiroirs ouverts et absorbée dans la lecture des lettres de Pasca, qu'il avait enfermées là, mais qu'il s'abstenait désormais de relire.

En le voyant surgir près d'elle, elle sursauta et devint pourpre. Ses yeux terrifiés se fixèrent sur Gilles, dont la physionomie exprimait une stupéfaction qui, très vite, se transformait en une colère d'autant plus effrayante qu'elle était glacée, comme toujours.

Il demanda durement :

– Que faites-vous là ?

Chapitre 16

– Je... Gilles... Pardon !

Un affolement passait dans son regard. Ses doigts se crispèrent au bord du bureau, elle chancela et serait tombée si Gilles, s'avançant vivement, ne l'avait reçue entre ses bras.

Il la porta sur le divan et sonna pour avoir un flacon de sels. Quand il vit ses paupières s'entrouvrir, il renvoya la femme de chambre et le regard effrayé, implorant de Thyra l'aperçut seul devant elle, son front barré d'un pli profond, sa bouche amère et dédaigneuse et ses yeux où la pitié se mélangeait, malgré lui, d'un peu de mépris.

Car le premier moment de colère passé, c'était la compassion qui avait surgi en lui pour cette pauvre créature, moralement et physiquement faible. Autrefois, il l'aurait impitoyablement cinglée de son irritation dédaigneuse et cruellement mordante. Aujourd'hui, il essayait de calmer sa colère pour ne pas infliger une trop forte secousse à cet organisme malade.

Aussi, en la voyant secouée de frissons, en remarquant l'effroi qui remplissait son regard, il se pencha vers elle et lui prit la main.

– Voyons ! calmez-vous, Thyra, et expliquons-nous franchement, une fois pour toutes, dit-il d'un ton grave. Savez-vous qu'il m'est fort pénible d'être, de votre part, l'objet d'une telle suspicion ?

Elle joignit les mains en balbutiant :

– Pardon !... Mais je vous aime tant !

– C'est pour cela que vous me faites l'injure de douter de moi ?

– Non, Gilles !... Non, non, je ne doute pas !

– En ce cas, qu'alliez-vous chercher dans mes tiroirs ?...

Elle répéta, d'une voix affolée :

– Pardon !... J'ai eu tort, je suis une misérable ! Mais je suis torturée par la crainte que vous vous détachiez encore de moi. Je comprends bien maintenant que je n'étais pas la femme qu'il vous fallait... Mais, voyez-vous, mon Gilles, personne ne vous aimerait jamais comme moi !

Elle courba un peu la tête, et, sur la main de son mari, mit un timide et humble baiser.

Touché malgré tout, il dit d'un ton plus doux :

– Je sais toute la sincérité de votre affection, Thyra, et c'est elle qui me rend indulgent à votre égard... Vous avez lu ces lettres ?

– Je n'ai pas pu, je n'y vois pas assez... J'ai lu seulement la signature...

– Et savez-vous qui est cette Pasca ?

Elle fit un geste négatif.

– C'est ma cousine, la fille aînée du baron de Combayre.

– Sa fille aînée ?... Mais il n'en avait qu'une, Matty !...

– Si, il en avait une autre, née d'un mariage qu'il n'avait pas fait connaître.

Et en quelques mots brefs, Gilles, domptant l'émotion que provoquait en lui ce retour vers le passé, raconta à Thyra l'histoire d'Angiolina et la manière dont il avait fait, à Menafi, la connaissance de Pasca.

– Et... elle est aussi belle que sa mère ?... demanda Thyra, qui écoutait avec une attention ardente.

M. de Cesbres répondit brièvement :

– Plus belle, d'après mon cousin François.

– Alors, c'est elle qui vous écrivait ?

Ses mains tremblaient, et une profonde pitié envahit le cœur de Gilles, à la vue de l'angoisse qui altérait ce pâle visage.

– Écoutez-moi, Thyra ! Je vais vous parler en toute franchise, dit-il en lui prenant la main. Au moment où cette correspondance s'échangeait entre nous, nous étions sur le pied d'une simple amitié. Ce n'est qu'à l'arrivée de Pasca, ici, que j'ai compris que je l'aimais.

La main frêle frémit dans celle de Gilles.

– ... À ce moment, je me considérais comme entièrement dégagé envers vous. C'est pourquoi je n'hésitai pas à demander à Pasca de devenir ma femme, et nous fûmes fiancés... un jour. Car elle apprit par la bouche de Matty votre existence, et, aussitôt, elle me repoussa. Bien mieux, elle essaya de me faire comprendre que mon devoir était de renouer avec vous, en demandant la bénédiction de l'Église. Mais moi, fou de douleur et de colère, je ne voulus rien entendre, alors... Depuis, je ne l'ai plus revue. C'est indirectement que j'ai appris qu'elle avait quitté Paris, avec son père, pour retourner à Menafi, après la mort de Matty.

Ces derniers mots ne parurent pas surprendre Thyra, bien qu'elle ignorât cette mort, car M. de Cesbres ne lui avait jamais parlé de ses cousins de Combayre, et elle, depuis ces quelques mois, s'absorbait uniquement dans la pensée de son mari, en dehors duquel rien ne l'intéressait, sauf sa fille. Mais, en ce moment, toute son attention se concentrait sur la révélation que lui faisait Gilles, tout son pauvre cœur bondissait de douleur et d'angoisse.

Ces sentiments se lisaient si bien sur son visage altéré que Gilles, attendri et compatissant, se pencha pour mettre un baiser sur son front creusé de rides légères.

– Ne vous tourmentez pas, Thyra ! Avec la grâce de Dieu, j'ai vu où se trouvait mon devoir et je suis revenu vers vous.

Elle dit d'une voix étouffée :

– Mais vous l'aimez ?... Vous l'aimez toujours ?

La main qui tenait celle de Thyra eut un long tressaillement.

– Je ne puis vous dire non, mais je fais loyalement tout mon possible pour chasser de mon cœur ce souvenir. Je voudrais que vous me croyiez, mon amie, ajouta-t-il avec une grave douceur, en pressant un peu les doigts frêles de la jeune femme.

– Oui, je vous crois, dit-elle d'un ton bas, un peu brisé.

– Et vous ne serez plus soupçonneuse à mon égard, maintenant que je vous ai parlé en toute franchise ?

– Non, Gilles, non !

Et tout à coup, des larmes s'échappèrent de ses yeux, ruisselèrent jusque sur son déshabillé de foulard bleu pâle.

Jadis, la vue de ses pleurs impatientait Gilles et il quittait aussitôt la pièce où elle se trouvait pour s'enfermer chez lui, ou pour s'en aller au-dehors. Aujourd'hui, il s'assit près d'elle, et son bras entoura doucement les épaules secouées de sanglots, tandis qu'il demandait :

– Pourquoi pleurez-vous ?

– Parce que... vous devez me haïr, car c'est moi qui vous sépare d'elle !

Le visage de M. de Cesbres se contracta un peu.

– Non, Thyra, il existe une autre raison qui ferait que maintenant un fossé serait creusé entre elle et moi, dit-il d'une voix un peu altérée.

Elle le regarda, interrogeant timidement de ses yeux voilés. Mais l'explication ne vint pas. Le regard triste et grave de Gilles sembla se perdre pendant quelques secondes en un mystérieux lointain, puis s'abaissa sur le visage sillonné de larmes.

– Cessez de pleurer, dit-il avec douceur. Je vous ai fait souffrir, mais je vous donne ma parole de chrétien et d'honnête homme que je n'ai maintenant d'autre désir que de vous procurer un peu de bonheur.

– Je vous crois, mon Gilles ! murmura-t-elle, en penchant un peu la tête pour appuyer son front sur la main de son mari.

Chapitre 17

À dater de ce jour, il n'y eut plus aucune discussion, même très légère, entre les deux époux. Gilles se montrait plus affectueux et la jeune femme semblait avoir renoncé à cette jalousie dont les manifestations avaient toujours exaspéré M. de Cesbres. Intelligente et très lettrée, elle se remettait au courant du mouvement artistique et littéraire, fort négligé par elle en ces années où elle se consumait dans la souffrance de la séparation, de telle façon que son mari pouvait avoir avec elle des entretiens pleins d'agrément. En même temps, elle faisait de visibles efforts pour réprimer l'exaltation naturelle de son caractère, qu'elle savait désagréable à la nature réfléchie de Gilles.

Elle se mettait très sérieusement à l'étude de la religion catholique, sous la direction de M. de Cesbres, aidé des conseils de l'abbé Blanchet. Au début, comme l'avait pensé Gilles, elle n'avait eu que le désir de plaire à son mari. Mais un sentiment plus surnaturel l'animait maintenant, et Gilles, l'ayant reconnu, s'adonnait de toute son âme, lui, le néophyte d'hier, le tout nouveau chrétien, à cette conversion.

Seulement, depuis le jour où elle avait eu avec lui cet entretien dans le cabinet de travail, sa santé, qui s'était améliorée jusque-là, déclinait peu à peu. Maintenant, elle ne quittait plus sa chaise longue dans le salon où, par la porte ouverte à deux battants, elle pouvait apercevoir Gilles travaillant devant son bureau, ou plutôt le deviner, car sa vue ne devenait pas meilleure, bien au contraire.

Le médecin ne cacha pas à M. de Cesbres qu'une terminaison fatale semblait proche. La jeune femme était trop profondément

Chapitre 17

atteinte pour qu'on pût espérer, non pas même la sauver, mais la prolonger seulement jusqu'à l'hiver.

Gilles éprouva, à cette nouvelle, un réel serrement de cœur. Il s'attachait vraiment de plus en plus à Thyra, à mesure qu'il voyait mieux ses efforts pour corriger les imperfections de sa nature, et depuis surtout qu'il s'était fait son initiateur dans la voie de la religion véritable. Puis, cet amour si fidèle le touchait profondément, et d'autant plus qu'il se rappelait avec un vif regret sa froideur, ses impatiences, sa dédaigneuse ironie d'autrefois.

Lorsque vinrent les premières chaleurs de juin, M. de Cesbres, sur les conseils du médecin, loua une villa près de la forêt de Fontainebleau et y amena sa femme. Mais ce voyage, si court pourtant, et ce changement fatiguèrent beaucoup Thyra. Elle ne se plaignait pas cependant, et se déclarait très heureuse entre son mari et son enfant, dans cette coquette demeure, entourée d'un jardin débordant de fleurs. Pour Gilles ou pour Kaja, ses pauvres lèvres pâlies trouvaient toujours un sourire ou un mot de tendresse.

Mais lorsqu'elle était seule, des larmes brûlantes glissaient sur son visage flétri, et ses doigts décharnés se crispaient sur le crucifix d'ivoire que Gilles lui avait donné cet hiver, au retour d'un court voyage à Rome.

Un après-midi, l'abbé Blanchet vint la voir. En sortant de la villa, il rencontra M. de Cesbres qui arrivait de Paris, où il avait eu affaire ce jour-là.

– Comment la trouvez-vous, monsieur l'abbé ? demanda Gilles après un chaleureux serrement de main.

Le prêtre hocha la tête.

– Bien affaiblie ! Puisqu'elle est toute préparée maintenant, je crois qu'il serait prudent de lui faire faire le plus tôt possible sa première communion, mon pauvre ami.

Une profonde tristesse s'exprima sur la physionomie de Gilles.

– Quand vous voudrez, monsieur l'abbé... Ma pauvre Thyra !... Je ne puis me figurer que je ne l'aurai plus là, à soigner et à gâter.

L'abbé l'enveloppa d'un regard d'ardente sympathie. Les confidences de M. de Cesbres lui avaient appris par quels déchirements, quelles farouches révoltes, quelles luttes contre un souvenir trop cher cette âme avait dû passer avant d'en arriver à pouvoir prononcer sincèrement de telles paroles.

Après avoir pris congé du prêtre, Gilles se dirigea vers le salon, ouvrant sur une terrasse, où se tenait habituellement la malade. Elle sourit en l'apercevant et lui tendit sa main, qu'il baisa longuement.

– Que m'apportez-vous là ? demanda-t-elle en désignant un paquet que Gilles tenait à la main.

– Quelques livres nouveaux, dont on dit un grand bien et que je vous lirai ces jours-ci. Vous voyez que j'ai pensé à vous, chère Thyra ?

– Oh ! oui, vous êtes bien bon ! dit-elle d'un ton attendri. Je le répétais encore tout à l'heure à l'abbé Blanchet... Vous avez dû le croiser en route ?

– En effet. Et savez-vous ce qu'il m'a dit ?... Que vous pourriez faire votre première communion très prochainement.

– J'en serais bien heureuse. Il est temps, en effet...

Un frémissement courut sur son pâle visage et se communiqua à la main que M. de Cesbres tenait entre les siennes.

Il n'osait rien dire, comprenant ce que signifiait cette parole et sachant qu'il était inutile de chercher à la leurrer plus longtemps d'un espoir d'amélioration.

– Voulez-vous vous asseoir un instant ? reprit-elle d'une voix un peu tremblante. J'ai à vous parler... On ne sait ce qui arrivera, je puis mourir subitement, plus tôt qu'on ne pense...

– À quoi songez-vous là, chère ? dit-il d'un ton reproche, tout en s'asseyant dans un fauteuil bas, près de la chaise longue. Rien ne fait prévoir pareille chose, voyons !

– Qu'importe, il vaut mieux que je vous parle. Tout d'abord, il faut que je vous demande pardon de vous avoir rendu malheureux en vous épousant...

Il posa vivement sa main sur les lèvres de la jeune femme.

– Taisez-vous, Thyra, ne vous accusez pas ainsi devant moi, qui suis le plus coupable des deux ! J'étais très jeune, il est vrai, et je vous avais épousée sans réflexion, mais cela ne peut excuser la façon dont je me suis conduit envers vous et envers notre enfant.

– Mais je vous ai tant ennuyé par mes jalousies et mes exigences ! Je comprends aujourd'hui combien j'ai agi follement, et, qu'avec une autre attitude j'aurais pu avoir peut-être l'inestimable bonheur de conquérir votre cœur. J'ai été maladroite, Gilles...

– Et moi, très mauvais. Je suis le plus coupable, vous dis-je, et je ne veux pas que vous vous accusiez, entendez-vous, chère Thyra ?

– Puisque c'est votre volonté, je n'en parlerai plus. Mais il est une chose que je désire vous dire encore. Vous allez rester seul avec notre petite Kaja. Je sais que vous l'aimez tendrement, que vous remplirez tous vos devoirs envers elle. Mais sa santé délicate, sa nature si impressionnable, demandent beaucoup de soins et une attention que, tout excellent père que vous soyez, vous ne pourrez lui donner toujours.

Elle s'interrompit, la gorge serrée par un sanglot étouffé.

– Je vous en prie, ne vous tourmentez pas ainsi ! dit-il avec émotion. Si Dieu veut vous enlever à nous, soyez sans crainte, notre Kaja sera l'objet de ma plus tendre sollicitude. Certes, je n'oserai jamais prétendre vous remplacer complètement près d'elle...

Elle l'interrompit du geste :

– Je ne pouvais plus, hélas ! faire grand-chose pour la pauvre petite chérie ! C'est pourquoi il vaut mieux que je m'en aille...

– Thyra, que dites-vous là ?

– Laissez-moi parler, mon ami ! Voici ce que j'ai pensé : vous vous remarierez quand je ne serai plus là, vous...

Gilles eut un brusque mouvement de protestation :

– Me remarier ! Qu'est-ce que cette folle idée ? Non, non, rassurez-vous, personne ne prendra votre place près de Kaja !

Un rayonnement éclaira le pâle visage. Mais, presque aussitôt, tout le corps frêle de la jeune femme parut se raidir, tandis qu'elle continuait, d'une voix lente et basse :

– Cette pensée serait, au contraire, une sécurité pour moi si je savais que celle que vous choisirez pourra aimer ma Kaja.

– Mais je vous dis que...

– Attendez, Gilles !... J'ai songé aussi que je n'avais pas su vous rendre heureux, et qu'une autre aurait ce pouvoir – celle que vous aimez toujours, n'est-ce pas, mon ami ?

– Taisez-vous ! dit-il avec une sorte de violence. Pourquoi me parlez-vous d'elle ? J'avais presque réussi à l'oublier, à ne la voir que dans un lointain d'où elle semblait me montrer la voie du devoir.

Thyra se souleva un peu, la poitrine haletante :

– C'est vrai ?... Et... est-ce que vous m'aimez un peu ?

Il posa doucement ses lèvres sur le front anxieux qui se levait vers lui.

– Je vous aime beaucoup, chère Thyra ! dit-il avec une gravité émue. Je serais un monstre s'il en était autrement.

Elle appuya sa tête contre son épaule. Mais il ne vit pas la petite larme qui glissait sur la joue flétrie, il n'entendit pas la plainte à peine perceptible sortie des lèvres de la jeune femme :

– Ce n'est pas comme cela que vous l'aimez, elle !

Ils restèrent un long moment silencieux, elle, le cœur gonflé de sanglots, lui, le front barré d'un pli douloureux, tandis que ses doigts effleuraient d'une caresse un peu distraite les cheveux blond pâle qui se clairsemaient de plus en plus.

– Je veux que vous soyez heureux ! murmura tout à coup la voix tremblante de Thyra. D'après ce qu'elle a fait en apprenant notre situation, votre cousine doit être une noble nature, sachant remplir son devoir, et qui sera bonne pour Kaja. Vous l'épouserez après ma mort...

Elle s'interrompit, en le sentant frémir de tout son être.

– Cela, jamais ! Jamais je n'épouserai Pasca ! dit-il d'un ton dur.

– Pourquoi ?... Oh ! Gilles, je suis sûre que vous l'aimez toujours et que vous souffrez !... Et moi, je veux que vous soyez heureux, mon bien-aimé !

Une mystérieuse lumière semblait éclairer les yeux qui se posaient sur Gilles, une ardente tendresse vibrait dans la voix frémissante ou passait aussi comme un souffle de douleur...

Et lui, saisi d'admiration, vaincu devant l'héroïsme de ce cœur de femme où résidait vraiment le véritable amour chrétien, prêt à tous les sacrifices, se laissa glisser à genoux et appuya ses lèvres sur les mains tremblantes.

– Je n'étais pas digne d'être aimé ainsi, Thyra !... dit-il humblement. Vous augmentez encore mon repentir de tous mes torts passés... Mais ne me parlez pas de Pasca. Jamais je ne lui demanderai de devenir ma femme.

– Oh ! pourquoi ?

– Parce qu'elle n'oubliera jamais que je lui ai demandé sa main en lui cachant votre existence. Elle ne pourrait plus avoir confiance en moi... Et Pasca ne comprend pas l'amour sans la confiance.

– Si elle vous aime vraiment, elle pardonnera.

– Je ne le lui demanderai jamais ! Ne m'en parlez plus, Thyra, laissez-moi penser uniquement à vous, ma femme chérie !

Sur le visage contracté de Thyra, il sembla qu'un rayon de bonheur passait.

– Vous ne m'avez jamais dit cela ! murmura-t-elle d'une voix un peu étouffée par la surprise. Pourquoi aujourd'hui... ?

– Parce que vous êtes une sainte créature et que je vous aime.

Gilles vit se pencher vers lui un visage radieux, une main frémissante se posa sur sa tête.

– Dites-le encore... Dites-le, mon bien-aimé !

– Oui, je vous aime, ma Thyra, non comme vous méritez de l'être, mais ainsi que le peut mon pauvre cœur d'homme.

Les paupières de Thyra s'abaissèrent comme pour concentrer en son âme la vision du grave et tendre regard des yeux tant aimés, et ses lèvres murmurèrent :

– Dieu est bon de m'envoyer cette joie aux dernières heures de ma vie !

Elle s'endormit doucement du dernier sommeil, un après-midi de juillet, entre les bras de Gilles qui pressait sur ses lèvres le crucifix d'ivoire. Toute sa vie, M. de Cesbres devait garder le souvenir du regard d'inexprimable amour qui l'avait enveloppé et de la voix presque indistinct qui avait murmuré encore :

– Vous serez heureux !... Kaja aussi. Je prierai pour vous, mes deux amours de la terre.

Chapitre 18

– C'est le courrier de papa, Antonin ? Donnez, je vais le porter chez lui.

Et, prenant des mains du valet de chambre le plateau couvert de lettres et de revues, Kaja entra dans le cabinet de son père.

Il était désert en ce moment. L'enfant posa le plateau sur le bureau, jeta un tendre regard sur la grande photographie de sa mère devant laquelle, chaque jour, elle mettait des fleurs, puis alla s'asseoir dans son coin favori, d'un petit air lassé, pénible à voir chez une si jeune enfant.

Elle avait encore maigri et pâli, la pauvre petite Kaja ! Après la mort de sa mère, qui avait été une violente secousse pour son frêle organisme et son cœur aimant, elle avait été très malade. Gilles l'avait soignée avec un dévouement absolu. Mais il s'était bien rendu compte que toute son affection, très profonde pourtant, ne pouvait remplacer la sollicitude, l'intuition maternelle d'une femme, surtout près d'une enfant délicate comme l'était sa fille.

Pourtant, il faudrait que cela s'arrangeât ainsi, puisqu'il ne songerait jamais à un second mariage. Il tâcherait seulement de trouver mieux que l'institutrice actuelle de Kaja, personne sérieuse, mais très sèche, que l'enfant craignait sans l'aimer.

Ces soucis s'unissaient à la tristesse que lui causait le vide laissé par la pauvre Thyra, dont la présence en ces derniers temps lui était réellement devenue douce et chère. Sa demeure lui semblait incroyablement froide depuis qu'il ne trouvait plus, au retour, pour l'accueillir d'un sourire, le pâle visage sur lequel sa venue amenait toujours un rayonnement de bonheur.

Pourtant, il se hâtait quand même d'y revenir, car il savait avec quelle impatience Kaja attendait ce père qu'elle adorait. Et lui aussi était toujours pressé de la revoir, de s'informer si elle n'était pas plus fatiguée, d'essayer de faire sourire ses pauvres lèvres pâlies et ses grands yeux bruns trop mélancoliques.

Abrégeant, cet après-midi-là, un entretien avec la principale interprète de sa nouvelle pièce, qui, si différente qu'elle fût des précédentes, avait obtenu au mois de mars un succès inouï, M. de Cesbres rentra vivement chez lui. Kaja, en entendant sa voix dans le vestibule, se précipita, aussi vite que le lui permettaient ses petites jambes un peu faibles.

– Oh ! papa, je ne pensais pas que vous seriez revenu si tôt ! Quel bonheur !

– Je me suis dépêché pour toi, ma chérie ! As-tu encore mal à la tête ?

Et la main caressante de Gilles se posait sur le front un peu brûlant.

– C'est presque passé, papa. Maintenant, cela passera tout à fait, puisque vous êtes là.

M. de Cesbres tendit son chapeau au valet de chambre et, prenant la main de Kaja, entra avec elle dans son cabinet.

– Votre courrier est arrivé, papa ! Je l'ai mis sur votre bureau, annonça la petite fille.

– Bien, mignonne, dit-il distraitement.

Il s'assit et prit Kaja sur ses genoux. Elle blottit son petit visage contre sa poitrine, tandis qu'il caressait ses cheveux blonds.

– Qu'as-tu fait pendant que je n'étais pas là ?

– Mlle Marguet a voulu que je me repose, papa. J'ai essayé de dormir, mais je n'ai pas pu ; alors, j'ai pensé à vous... et à maman.

– Pauvre petite !... dit-il avec émotion, en se penchant pour l'embrasser. Moi aussi, j'ai pensé à toi, ma Kaja. Tout en causant avec Mme Dorbach, à propos de ma pièce qu'elle doit aller représenter en Amérique au début de l'automne, nous en sommes venus à parler de toi, et elle m'a indiqué un joli coin, en Suisse, où tu auras un air excellent et où nous finirons tous deux tranquillement l'été. Qu'en dis-tu ?

– Je serai bien avec vous, n'importe où, mon papa chéri ! répondit-elle câlinement.

– Alors, nous allons nous préparer pour partir la semaine prochaine. Maintenant, assieds-toi là, mignonne, pendant que je dépouille mon courrier.

Kaja alla chercher sa petite chaise et s'installa près de son père, tandis que celui-ci, d'un geste nonchalant, attirait à lui le plateau et en éparpillait avec indifférence le contenu.

Il n'attendait rien d'intéressant de cette correspondance d'étrangers, d'admirateurs, de solliciteurs, de relations sans intimité. Il repoussait d'un doigt dédaigneux toutes ces missives, se réservant de les parcourir le soir pour en indiquer le lendemain la réponse à son secrétaire.

Il lui sembla tout à coup que son cœur cessait de battre. Là, sur une enveloppe blanche très simple, il venait de voir l'écriture bien connue, l'écriture qu'il n'avait plus revue depuis longtemps.

– Pasca ! murmura-t-il.

Subitement, le souvenir bien-aimé revenait avec une force mystérieuse, qui prouvait à Gilles que cet amour, refoulé par devoir, n'avait jamais cessé de demeurer latent en lui.

Mais que lui voulait-elle ? Après la mort de Thyra, M. de Combayre avait écrit un mot, en ajoutant simplement que sa fille priait beaucoup pour la disparue et pour ceux qui restaient. Gilles avait été un peu surpris et froissé qu'elle n'eût pas ajouté une ligne de sa main, et il en avait conclu avec un serrement de cœur qu'elle ne voulait plus avoir de rapports personnels avec lui, dans la crainte qu'il ne s'en autorisât pour croire à un retour des sentiments d'autrefois.

D'une main fébrile, il décacheta l'enveloppe. Ces seuls mots apparurent devant ses yeux :

« Venez, Gilles, j'ai à vous parler. Amenez votre petite Kaja. »

Il demeura un moment immobile, n'osant en croire ses yeux. Elle l'appelait... il allait la revoir ! Que voulait-elle lui dire ?... Si...

Non, non, c'était folie de rêver cela !

Mais il irait, il allait partir le plus vite possible. Il voulait savoir...

Comme son cœur bondissait dans sa poitrine à la seule pensée de revoir devant lui ce cher visage !

Il se pencha vers Kaja, qui regardait avec un peu de surprise la physionomie bouleversée de son père.

– Chérie, va vite dire à Victorine de te préparer une petite malle. Nous partons demain pour l'Italie.

L'enfant ouvrit de grands yeux.

– Pour l'Italie !... Je croyais que c'était la Suisse, papa ?

– Nous irons peut-être après. Mais nous allons voir maintenant mon cousin, le baron de Combayre, et sa fille, Pasca... Mais, au fait, elle te connaît, Pasca !... Je me rappelle qu'elle m'a raconté certain accident arrivé à ta bonne, et à la suite duquel elle t'a ramenée à ta maman...

– C'est elle, cette demoiselle si belle, qui avait de si grands yeux noirs et qui paraissait si bonne ? Oh ! papa, quel bonheur de la revoir ! s'écria l'enfant avec ravissement.

– Oui, elle est délicieusement bonne, tu verras ! Et je suis heureux de penser que tu l'aimes déjà, ma chérie !... Va vite prévenir Victorine, maintenant, et envoie-moi Antonin.

L'enfant s'élança au-dehors. M. de Cesbres posa la lettre de Pasca sur son bureau. En même temps, son regard rencontra la photographie de Thyra. Il se pencha un peu vers elle en murmurant :

– Vous ne m'en voulez pas de répondre à son appel, dites, chère Thyra ? Ce n'est pas elle qui m'incitera jamais à vous oublier, vous le savez.

Il lui parut que les yeux voilés lui souriaient doucement et que la voix tendre de Thyra répondait :

– La jalousie n'existe plus où je suis. Allez, mon Gilles, et aimez-la !

Le chaud après-midi s'achevait. Déjà, sous le couvert touffu du bois de Silvi, une légère fraîcheur flottait dans l'atmosphère. Quelques rais de soleil s'accrochaient encore, çà et là, sur les troncs d'arbres, sur les feuillages qu'une brise presque imperceptible faisait frémir. Avec l'approche du soir, les essences sylvestres dégageaient leur senteur forte et saine, à laquelle se mêlait celle des mousses, des fleurs éparses à l'ombre du sous-bois, celle de la terre chaude, celle surtout des roses de la Madonna que cette brise de fin d'après-midi répandait à travers le bois, comme une suave et enivrante caresse.

Celle-là, il l'aspirait avec délices, l'homme qui se hâtait vers l'oratoire où « elle » l'attendait. Depuis qu'il était venu ici, il n'avait jamais pu aspirer le parfum d'une rose sans raviver en lui avec intensité le souvenir des moments passés près de Pasca, soit sous la tonnelle du jardin de Paolo, soit près de la chapelle. Aussi en avait-il été réduit à proscrire cette fleur de chez lui, en prétextant une impression désagréable qu'elle lui produisait.

Mais maintenant, il pouvait se laisser aller à la douceur de ce souvenir, quitte à souffrir doublement tout à l'heure, quand il comprendrait que sa faute, pardonnée par l'âme religieuse de Pasca, n'était pas oubliée.

Il s'arrêta tout à coup. Le sentier finissait ici et devant lui apparaissait l'oratoire couvert de sa toison de roses.

« Elle » était là, assise sur le vieux banc, diligemment occupée à semer de fleurs d'argent la soie noire d'une chasuble. Un rayon de soleil couchant, un peu rosé, se jouait sur les ondes chaudement dorées de sa chevelure, glissait sur son front penché, éclairait légèrement son admirable profil. L'ornement funèbre formait un contraste profond, d'une sublime austérité, près de tant de jeunesse et de beauté, près de ces fleurs, dans cette atmosphère vibrante de parfums et de lumière.

Gilles contemplait ce tableau avec une silencieuse admiration. Tout son cœur s'élançait vers celle qui était là, mais il n'osait avancer, il retardait le moment où il verrait se lever sur lui les yeux dont, tout à la fois, il redoutait et désirait passionnément de rencontrer le regard.

Mais l'aiguillée était finie. Pasca leva la tête et l'aperçut. Le teint mat s'empourpra, les yeux veloutés rayonnèrent. Vers Gilles qui s'élançait, les petites mains se tendirent...

– Vous voilà, mon ami ? Vous n'avez pas tardé !

– J'aurais voulu accourir plus vite encore, Pasca !... Vous revoir ! Quelle perspective pour moi !

Il serra ses mains entre les siennes, mais n'osa les porter à ses lèvres. Pourtant, le regard de Pasca, son geste plein d'élan, lui avaient appris qu'il était pardonné. Mais jusqu'à quel point ?

Il la contemplait avec ravissement. Toutes les heures si douces passées près d'elle, toutes les impressions nobles, pures et fortes, faites par cette âme d'élite sur l'âme sceptique de Gilles de Cesbres, revivaient en cet instant, sous la lumière de ce regard.

Dégageant doucement ses mains, elle prit le sac à ouvrage posé près d'elle et en sortit une lettre qu'elle tendit à Gilles.

– Lisez d'abord ceci, mon ami. Nous causerons après.

Il déplia le feuillet et ne put retenir une légère exclamation de surprise à la vue de l'écriture de Thyra, cette écriture tremblée, presque illisible, qu'elle avait à la fin de sa vie.

« Je ne vous connais pas, mademoiselle Pasca, mais, d'après le peu que je sais de vous, j'ai lieu de penser que je m'adresse à une âme très noble. Je n'ignore pas que Gilles vous a demandé d'être sa femme, que vous avez accepté et que vous avez ensuite rompu, en apprenant mon existence. Je sais encore que c'est vous qui lui avez, la première, montré le devoir qui l'attendait près de sa fille et de moi. Lui-même m'a appris tout cela. Maintenant, je vais mourir, le laissant seul avec ma Kaja. Mon cœur est plein de reconnaissance attendrie pour l'affectueuse bonté dont il a fait preuve à mon égard, pour ce reflet d'amour dont il a éclairé les derniers jours de ma vie. Je puis le dire hautement : s'il a eu jadis des torts envers moi, il a tout réparé par son dévouement et sa délicate sollicitude envers sa pauvre femme malade.

« Mais le voilà seul... et il vous aime toujours. Il m'a déclaré cependant qu'il ne renouvellerait jamais sa demande près de vous, parce qu'il a trahi la confiance que vous aviez en lui. Est-ce que, vraiment, vous ne pardonneriez pas ? Oh ! je ne puis le croire, si vous l'avez véritablement aimé ! Je vous en prie, revenez vers lui ! De là-haut, je voudrais le voir heureux, mon cher, mon noble Gilles ! Je ne serai pas jalouse de votre bonheur, ne craignez rien, ni des caresses que vous donnera ma chérie...

« Car je vous la confie aussi, Pasca, ma cousine. Laissez-moi vous appeler ainsi ! Remplacez près d'elle sa pauvre mère, soyez bonne et tendre pour ma mignonne Kaja, un peu maladive, mais si aimante. Oui, je vous la confie, je vous les confie, mes deux bien-aimés !

« Je prierai pour vous tous, je vous bénirai de là-haut. Ne craignez pas de devenir très vite, après ma mort, madame de Cesbres. Kaja a besoin des soins d'une mère et Gilles de la présence réconfortante et douce d'une épouse aimée. Exaucez ce vœu d'une mourante dont le cœur saigne, mais dont l'âme est en paix !

« Laissez-moi vous embrasser comme une sœur, Pasca, en vous demandant, comme seule grâce, de parler quelquefois de moi à ma petite chérie, et aussi un peu à celui que j'ai tant aimé.

« Thyra de Cesbres. »

Plusieurs taches jaunâtres parsemaient ce feuillet – larmes de l'épouse et de la mère, dont le cœur se brisait en écrivant ces lignes.

La main tremblante de Gilles porta le papier à ses lèvres.

– Thyra !... pauvre amie que j'ai si longtemps fait souffrir ! murmura-t-il avec une douloureuse émotion.

– Elle se venge en chrétienne, Gilles. Quel héroïsme dans ce suprême testament de son cœur !... Maintenant, asseyez-vous là...

Du geste, elle désignait la place libre près d'elle sur le banc.

– Et dites-moi si vous êtes disposé à accomplir le dernier vœu de celle qui vous a si profondément aimé ?

– Quoi ! vous voudriez bien ?... demanda-t-il d'une voix étouffée par l'émotion. Vous m'avez dit naguère que votre confiance en moi était morte, je n'osais espérer.

– Ne pensez-vous pas, Gilles, qu'une femme ne peut se confier plus sûrement qu'en celui qui, ayant failli, a eu l'âme assez courageuse, assez noblement énergique pour réparer ses torts et accomplir tout son devoir ?... en celui qui a passé par la grande, la saine épreuve de la souffrance et du sacrifice ?... en l'homme redevenu chrétien, qui a signé cette œuvre magnifique où sont exaltées toutes les sublimes beautés de notre morale catholique ?

Il dit tout bas :

– Pasca, vous ignorez par où j'ai passé auparavant ! J'ai été un révolté, je...

– C'étaient les derniers assauts de l'esprit du mal, et votre mérite n'en est que plus grand devant Dieu. Gilles, je serai fière et heureuse de devenir votre femme... si vous voulez bien encore de moi !

– Si je veux de vous !... Oh, ma Pasca ! avez-vous compris ce que j'avais souffert ?

– Oui, j'ai compris, murmura-t-elle.

Et ses yeux se voilèrent un peu au souvenir des heures de lutte contre les révoltes de son propre cœur.

– Vous me redonnez votre confiance, ma bien-aimée ?

– Tout entière, et avec bonheur.

Elle pencha un peu son front, sur lequel M. de Cesbres posa ses lèvres.

Leurs yeux tombèrent sur l'ornement funèbre qui gisait à leurs pieds. L'image de la disparue s'évoqua devant eux. Une tristesse douce, une reconnaissance émue les envahit au souvenir de celle qui avait ainsi voulu les réunir. Aucun remords, aucune crainte ne s'y mêlait. Gilles avait conscience d'avoir réparé autant qu'il l'avait pu ses torts passés dans la dernière période de la vie de sa femme. Pasca accomplissait le suprême désir, l'adjuration d'une mourante qui avait voulu assurer le bonheur de l'être aimé au prix du déchirement de son propre cœur.

Chapitre 18

– Avez-vous amené votre petite Kaja ? demanda Pasca.

– Oui, je l'ai laissée près de votre père.

– Allons la retrouver, pauvre mignonne. Oh ! comme je vais la chérir et la soigner !

– Je n'en doute pas, ma chère aimée ! Malgré toute ma bonne volonté et mon affection pour elle, je ne pouvais remplacer sa pauvre mère. Mais vous, Pasca !

Les yeux orangés enveloppaient Pasca d'un rayonnement de chaude tendresse. Sur le visage un peu pâle, un peu amaigri de la jeune fille, l'émotion mettait une délicieuse teinte rose, et les yeux noirs, très doux, contemplaient avec bonheur la physionomie sérieuse, éclairée maintenant par le reflet d'une âme régénérée et vaillante, si différente de celle du Gilles de Cesbres d'autrefois.

– Il faut que je vous donne quelque chose en souvenir de ce jour, dit-elle.

Elle étendit la main et cueillit une rose couleur de pourpre.

– Tenez, mon ami très cher, gardez-la. Je vous en ai donné, jadis, une comme gage de mon amitié, une autre, qui était comme un témoignage de ma confiance, au jour de nos premières fiançailles. Que celle-ci soit la fleur de cette confiance ressuscitée... pour toujours, n'est-ce pas, mon Gilles ?

« Allons maintenant remercier la Madonna, que j'ai tant priée pour votre pauvre Thyra et pour vous, mon cher Gilles. »

Ils poussèrent le vantail vermoulu et s'agenouillèrent devant l'autel. La petite Vierge de marbre tendait les bras vers eux, dans un geste d'ineffable protection. Ici, bien souvent, Pasca avait trouvé force et consolation dans les luttes qui assaillaient son jeune cœur, saignant de la blessure douloureuse. C'était avec une reconnaissance profonde qu'aujourd'hui elle venait de nouveau aux pieds de sa céleste protectrice, en lui demandant de bénir leurs fiançailles.

Et il lui sembla encore cette fois que la Madonna lui souriait, tandis qu'avec la brise du soir pénétrait dans l'oratoire béni le suave parfum des roses, consacrées à Celle que l'Église appelle la Rose mystique.

ISBN : 978-3-96787-549-2